ACCESO GRATIS ***a la Lectura en la Nube***

Para visualizar el libro electrónico en la nube de lectura envíe junto a su nombre y apellidos una fotografía del código de barras situado en la contraportada del libro y otra del ticket de compra a la dirección:

ebooktirant@tirant.com

En un máximo de 72 horas laborales le enviaremos el código de acceso con sus instrucciones.

DAÑO MORAL A LAS SOCIEDADES MERCANTILES Y EL QUANTUM INDEMNIZATORIO

DAÑO MORAL A LAS SOCIEDADES MERCANTILES Y EL QUANTUM INDEMNIZATORIO

ALEJANDRA PERALES BAUTISTA

tirant lo blanch
Ciudad de México, 2024

En caso de erratas y actualizaciones, la Editorial Tirant lo Blanch publicará la pertinente corrección en la página web www.tirant.com.

© EDITA: TIRANT LO BLANCH
TIRANT LO BLANCH MÉXICO
Av. Tamaulipas 150, Oficina 502
Hipódromo, Cuauhtémoc
CP 06100, Ciudad de México
Telf: +52 1 55 65502317
infomex@tirant.com
www.tirant.com/mex/
www.tirant.es
ISBN: 978-84-1071-061-0

Si tiene alguna queja o sugerencia, envíenos un mail a: *atencioncliente@tirant.com*. En caso de no ser atendida su sugerencia, por favor, lea en *www.tirant.net/index.php/empresa/politicas-de-empresa* nuestro procedimiento de quejas.

Responsabilidad Social Corporativa: http://www.tirant.net/Docs/RSCTirant.pdf

Índice

En la vorágine mundial siempre habrá hechos o actos ilícitos que afectan tanto el patrimonio como las emociones de las personas, constituyéndose esto como violación a los derechos humanos y derivado de ello, un daño moral. La autoridad tiene la obligación de imponer sanciones a quienes los realicen.

Alejandra Perales Bautista

A mis nietos José Pablo y Nicolás que llenan
de luz, alegría y energía este mi otoño.

Prólogo

DAÑO MORAL A LAS SOCIEDADES MERCANTILES Y EL QUANTUM INDEMNIZATORIO

Ante el crucial papel que juegan las empresas en la economía y en la vida cotidiana de las personas, surge una preocupación creciente sobre el impacto del daño moral a que están expuestas las Sociedades Mercantiles, ya que este daño puede socavar sus cimientos, erosionando su reputación, afectando la moral de los empleados, minando la confianza de sus clientes y la percepción pública de la marca, lo que inevitablemente debilita su posición en el mercado infligiendo un daño duradero y a menudo irreparable.

Por la fuerza de sus argumentos y la coherencia lógica con la que están expuestos, este libro logra arrojar luz sobre un aspecto desafiante y de consecuencias trascendentes, pero a menudo desconocido y que tiene que ver con la forma correcta, objetiva y precisa de determinar el quantum indemnizatorio.

Este propósito se logra partiendo del análisis puntual de la controversia que ha existido históricamente con respecto a que si las personas jurídicas pueden sufrir o no, daños morales, continúa con el estudio de los Derechos Humanos *(Capítulo I)*, los atributos de las Personas Físicas y Morales *(Capítulo II)*, exponiendo con pulcritud metodológica los conceptos daño, el perjuicio, el daño emergente y el lucro cesante *(Capítulo III)*; la evolución del y estado actual del tratamiento legal del daño moral a luz de la legislación mexicana *(Capítulo IV)*; así como la reparación, indemnización o resarcimiento *(Capítulo V)*; la revisión precisa del contexto legal, tanto en el ámbito nacional como en el internacional *(Capítulo VI y VII)* .

La obra plantea en forma clara y con la extensión suficiente las diversas variables que pueden afectar a las Sociedades Mercantiles por daño moral *(Capítulo VIII)*, los métodos que pueden aplicarse para la obtención del quantum indemnizatorio *(Capítulo IX)* y el planteamiento y solución de un caso ilustrativo *(Capítulo X)*, logrando con todo ello un equilibrio teórico y práctico.

Este libro es apto, tanto para quienes hacen contacto por primera vez con los conceptos de daño moral y quantum indemnizatorio, como para aquellos que han recorrido ya este sinuoso camino en la práctica valuatoria, cumple sobradamente con las cualidades de un buen texto y hace posible que se obtengan de él los mejores frutos.

No puedo omitir la gran amistad, mi aprecio y reconocimiento por la autora de la obra, la he seguido desde hace ya algunos años, dedicada el ejercicio de la Correduría Publica, con un depurado conocimiento y práctica en materia de valuación que ha dejado plasmada en obras publicadas anteriormente, también he sido testigo de su tesón y empeño en la organización de cursos para valuadores, por lo que puedo afirmar que el libro que hoy tenemos en las manos no es sino el resultado natural de los pacientes esfuerzos de muchos años, que paso a paso ha venido sumando y orientando hacia metas precisas y bien logradas la maestra Alejandra Perales Bautista.

La literatura jurídica y valuatoria mexicana debe congratularse de la aparición de esta obra llena de madurez y reflexión que mucho beneficiará a todos los interesados en conocer con pulcritud los orígenes y la actualidad del tratamiento legal y doctrinal del daño moral y los modelos recocidos y aceptados en nuestro país para valuar el quantum indemnizatorio derivado del daño moral causado a las Sociedades Mercantiles.

Estoy segura de que este libro inspirará reflexión, debate y, sobre todo, acción, recordándonos que verdadera grandeza empresarial no solo se mide en términos de ingresos y ganancias, sino también en términos de integridad, responsabilidad y contribución positiva a la sociedad, valores que pueden ser indebidamente afectados por actos u omisiones de terceros y en consecuencia, la persona moral, víctima del daño que se deriva de dichas conductas, debe ser resarcida.

Bienvenidos a este viaje que parte de la comprensión del daño moral en las Sociedades Mercantiles y cuyo destino tiene que ver con la búsqueda de una justicia reparadora y equitativa, anhelo factible de alcanzar cuando se aplican adecuadamente los métodos para la obtención del quantum indemnizatorio cuya comprensión nos brinda este libro a través de casos reales, análisis jurídico y reflexiones profundas.

María Cristina Juárez Uribe
Corredor Público No. 24 CDMX

Introducción

Porqué hay daño moral? Porque hay hechos o actos ilícitos que se traducen en responsabilidad civil; porque hay violación a los derechos humanos derivados de un delito y en consecuencia hay una sanción penal que se traduce en reparación integral del daño ocasionado. Una respuesta tan simple, pero tan compleja y profunda que intentamos analizar.

Aunque las leyes en nuestro país han regulado el daño moral, generalmente las resoluciones que sobre el tema emiten los órganos jurisdiccionales, se refieren al daño moral sufrido por las personas físicas; sin embargo, ha existido controversia respecto al daño moral de las personas morales, es decir, a las personas jurídicas, pues éstas carecen de elementos personalísimos o valores intrínsecos, que solo les compete a seres humanos, personas físicas; Es cierto, pero también es cierto que el Código Civil Federal regula las afectaciones que surgen de una responsabilidad civil derivada de hechos o actos ilícitos que al final se traduce a violación de los derechos humanos, sin embargo, estas afectaciones solo son enunciativas, mas no limitativas, de tal suerte que las personas jurídicas, en el caso, las Sociedades Mercantiles, también pueden ser objeto de daño moral como la reputación de su marca, el prestigio de su denominación social, la consideración que se tiene de la misma y que al verse afectada dicha entidad jurídica, se reducen sus ingresos que incluso pueden llegar al extremo de ir a un concurso mercantil debido a que su actividad mercantil se desploma debido a esas afectaciones.

También consideramos un recorrido en el ámbito penal, esto porque la Comisión interamericana de los Derechos Humanos ha sido un factor importante para que nuestro país emita leyes como la Ley General de Víctimas y en consecuencia, la protección a víctimas (trátese de directas, indirectas o potenciales) de un delito y en donde también se establece la reparación integral del daño, y desde luego, dentro de la misma se encuentra el daño moral.

Por ello, aun cuando haremos un recorrido sobre los derechos humanos, la violación a éstos, los Tratados o Convenciones Internacionales de los que México forma parte, así como el marco legal, finalmente nuestro enfoque medular se referirá exclusivamente a las Sociedades Mercantiles; esto es, a aquellos entes jurídicos que realizan actos de comercio y que derivado de los hechos o actos ilícitos por acción u omisión provenientes de particulares o Autoridades generan ese daño moral, esa violación a los derechos humanos.

Las Sociedades mercantiles, al establecer en su objeto social cualquiera de los actos de comercio regulados por el Código de Comercio, está realizando actividades lucrativas de lo cual se aborda oportunamente.

Actualmente, por algunas disposiciones de la Autoridad y sin mediar procedimiento legal alguno, conforme lo señala la Carta magna, ha generado que algunas empresas se vean en la necesidad de promover juicios para acreditar que las resoluciones de dichas Autoridades son tomadas sin sustento legal alguno lo que trae como consecuencia un serio daño moral a dichas personas jurídicas y en algunas ocasiones a sus socios o accionistas, incluso a las familias de éstos, a sus trabajadores y su cartera de clientes, ya que al verse dañada su reputación o cualquiera otra de las afectaciones señaladas por la ley, incluso por tratarse de afectaciones enunciativas mas no limitativas y aunque no las señale la ley, pero que pueden surgir dependiendo de cada caso, dejan de realizar transacciones comerciales con dichas empresas.

Por ello, consideramos que es importante hacer una valoración de los daños morales que sufren dichos entes jurídicos, por lo que concluimos, que éstos, es decir, los derechos humanos, no tan solo afectan a las personas físicas como se podrá deducir en algunas disposiciones legales, sino también a las personas morales o jurídicas como las Sociedades Civiles, los sindicatos, las Asociaciones Profesionales, las Sociedades Cooperativas y mutualistas; las asociaciones que se propongan fines políticos, científicos, artísticos, de recreo o cualquiera otro fin lícito y desde luego, como hemos mencionado a las Sociedades Mercantiles.

También, mencionaremos cuales son los métodos más recomendables, como el Proceso Analítico Jerárquico (AHP). El Amuvam o Proceso Analítico en red, que esencialmente se utilizan para obtener el quantum indemnizatorio y concluyendo con un caso que si bien es cierto, es hipotético, también es cierto que puede emanar de una realidad que sucede día a día y que en muchas ocasiones se soslaya tanto por los particulares como por la Autoridad.

Capitulo I.

Derechos Humanos

1. CONCEPTOS Y DEFINICIONES

Hablar de daño moral es hablar de los problemas que han causado discusiones y controversias en los últimos años, porque se ha cuestionado si al establecer un quantum se está valorando o midiendo el dolor, la tristeza, la angustia o cualquiera de las afectaciones que establece la ley.

También hablar del daño moral es hablar de derechos humanos de las personas y de la violación que pueden tener, incluso, de tomarse en consideración el proyecto de vida que una persona puede tener en el ámbito de la actividad que realiza cuando se efectúa el daño.

De tal manera que abordaremos los conceptos que consideramos importantes para que, en su momento podamos establecer con claridad las afectaciones que provocan el daño moral, esto es, aquellas que en lo medular puedan constituir un daño a las personas morales conocidas también como personas jurídicas.

Sin embargo, es importante establecer que conforme a disposiciones legales tanto del ámbito del derecho Civil como en el derecho penal los conceptos que se manifiestan como daño moral en lo civil y la reparación integral del daño en lo penal, son meramente enunciativas, más no limitativas.

No omitimos mencionar que el daño moral surge porque en materia civil contenido en el Código Civil Federal existe un hecho o acto ilícito derivado de una responsabilidad civil que trae como consecuencia la reparación del daño, tanto patrimonial como extrapatrimonial que es justo el daño moral y en materia penal, algunos ordenamientos como la Ley General de Victimas y el Código Penal Federal y Código Federal de Procedimientos Penales, señalan que cuando hay una sentencia condenatoria y que ha causado ejecutoria (es decir, que ya no se puede impugnar) derivada de un delito plenamente comprobado, existe una reparación integral del daño, entre ellos el daño moral.

En ambos casos, debe establecerse un quantum indemnizatorio por dicho daño moral, independientemente de otro tipo de daños, como el patrimonial, incluso el daño emergente y el lucro cesante que también son sujetos de indemnización, reparación o resarcimiento, según sea el caso.

1.1. Derechos Humanos

Conforme a la Comisión Interamericana de los Derechos Humanos, [1]"son un conjunto de prerrogativas sustentadas en la dignidad humana, cuya realización efectiva resulta indispensable para el desarrollo integral de la persona".- Este conjunto de prerrogativas o derechos se encuentra establecido dentro del orden jurídico de nuestro país, en nuestra Constitución, tratados internacionales y las leyes. Los derechos humanos son derechos inherentes a todos los seres humanos, sin distinción alguna de nacionalidad, lugar de residencia, sexo, origen nacional o étnico, color, religión, lengua o cualquier otra condición.

Es bien sabido que como seres humanos todos gozamos de esos derechos o prerrogativas, y que son valores intrínsecos, sin embargo, como seres humanos tenemos la facultad para integrar otro ente y éste es jurídico, nos preguntamos si al tratarse

---

1 https://www.cndh.org.mx/derechos-humanos/que-son-los-derechos-humanos

de un ente jurídico diverso el cual está compuesto tanto por personas físicas como morales o jurídicas (valga la redundancia), podría también invocarse un resarcimiento cuando existe daño moral a esos entes jurídicos?. Estimamos que sí, pues si bien es cierto las afectaciones que regulan los diferentes ordenamientos jurídicos se refiere a personas humanas, como los sentimientos, las creencias, los afectos, el dolor, por mencionar algunos, también lo es, que existen otras variables que también afectan a dichos entes jurídicos a saber, el honor, la reputación, el prestigio, la marca, etc.

De allí, que por eso establecemos reiteradamente que en dichos entes jurídicos también existen violación a los derechos humanos derivados de una responsabilidad civil, y en consecuencia un daño moral, y éstos, indudablemente, deben ser reparados.

A mayor abundamiento, la Suprema Corte de Justicia de la Nación, ha sostenido en tesis con registro digital 178767[2] que si bien la persona moral realiza fines distintos de los que cada uno de sus miembros la componen, como lo prevé la Ley de Sociedades mercantiles, los entes jurídicos, son igualmente sujetos de derechos y obligaciones y "por medio de esta construcción técnica les permite adquirir individualidad de manera similar al ser humano, y toda vez que el daño moral está íntimamente relacionado con los derechos de la personalidad, es indudable que por equiparación y analogía los conceptos relativos a la reputación y a la consideración que de sí misma tienen los demás, también se aplican a las personas morales"

---

2 https://sjf2.scjn.gob.mx/detalle/tesis/178767

1.2. Creencias, afectos, sentimientos, decoro

Nos referimos a estas afectaciones en un solo contexto, porque en nuestra opinión, consideramos que solo le pertenecen a los seres humanos, personas físicas, de tal suerte que brevemente las abordamos pues nuestro principal propósito en estos apuntes es establecer que las personas jurídicas también suelen ser sujetas de daño moral.

Las creencias son un conjunto de principios ideológicos de una persona, Creencias son estados de la mente en los que uno supone que algo es verdadero o probable. Se expresan lingüísticamente mediante afirmaciones o actos que reflejan esos principios. Firme sentimiento y conformidad con algo.

Las creencias, son inalienables, esto es, pertenecen a la esencia del ser humano, a su estado ideológico que demuestra en su andar día a día y que las leyes mexicanas basadas en principios de protección de derechos internacionales las han protegido.

Huelga decir, que la Suprema Corte se ha pronunciado al respecto al establecer que el derecho humano es objeto de protección jurídica y que además existen otros derechos inherentes al individuo mismo que también deben ser tutelados y protegidos aun cuando éstos no sean materiales, incluyéndose dentro de los mismos las creencias.

Por ello, estimamos que si bien es cierto las creencias forman parte de esa alteración profunda que sufre una persona, esta afectación se constriñe exclusivamente a una persona física, un ser humano.

Los afectos se consideran como el aprecio o afición que se tiene por una persona o cosa; es un estado de ánimo o disposición emocional hacia una cosa, un hecho o una persona, incluso el aprecio hacia una mascota cualesquiera que esta sea. Son sentimientos que se refieren tanto a un estado de ánimo como también a una emoción conceptualizada que determina el estado de ánimo.

Los sentimientos, Es un estado de ánimo o disposición emocional hacia una cosa, un hecho o una persona, puede ser un estado de ánimo triste o afectado por una impresión dolorosa, de molestia, de ansiedad, de soledad, de miedo, de sentido de persecución, esto es, los sentimientos se refieren tanto a un estado de ánimo como también a una emoción conceptualizada que determina el estado de ánimo.

El decoro[3] del latín decorum, la real academia española señala que es "Honor, respeto, reverencia que se debe a una persona por su nacimiento o dignidad" *El decoro*[4] es el comportamien-

---

3 https://dle.rae.es/decoro

4 https://revistas.um.es/daimon/article/download/301601/261411/1255321. Pag. 202 Entre las acepciones de «decoro»17, hay tres que guardan una estrecha relación con la semnótes aristotélica: en primer lugar, «honor, respeto, reverencia que se debe a una persona por su nacimiento o dignidad». A continuación: «circunspección, gravedad», lo que vuelve a remitirnos al respeto, o a la seriedad, como algo que uno inspira, o como la manera en la que se comporta uno. Y por último: «honra, pundonor, estimación». Cuando decimos: «La embajadora fue tratada con el debido decoro», estamos haciendo notar dos cosas que conviene tener en cuenta. Por un lado, que la embajadora tiene decoro. Lo que la convierte en una persona merecedora de un tratamiento decoroso es su propio decoro, es decir, su dignidad, y en este sentido, también podríamos haber dicho: «La embajadora fue tratada con la debida dignidad». Aquí, tanto la dignidad como el decoro, están referidos a la propia persona. Pero junto a este elemento, aparece otro nuevo. Y es que en la frase «la embajadora fue tratada con el debido decoro», la persona que tiene el decoro, en el sentido de «dignidad», es la embajadora, y por tanto, no se trata del decoro de la persona que se comporta, sino de aquella ante la que nosotros nos comportamos. Frente a lo que se pone en juego cuando una persona actúa con dignidad, que es su propia valía, tenemos aquí un segundo sentido, que hace referencia a la valía del otro. Así, por un lado (primer

---

sentido de la frase), el otro ante quien nos comportamos tiene decoro, pero por otro (segundo sentido), somos nosotros quienes nos comportamos con decoro cuando tratamos a esta persona con el decoro (la dignidad) que se merece. Este segundo sentido es el que está registrado en la 15 Para los bienes relacionales en Aristóteles, cf. Nussbaum, M. (1995), La fragilidad del bien. Fortuna y ética en la tragedia y la filosofía griega, traducción de Antonio Ballesteros, Madrid: Visor. 16 Para la relación de la «ἀξία» con la noción de dignidad en Aristóteles, cf. Lebech, M. (2009), op. cit, p. 30 y ss. 17 Decoro: «1. m. Honor, respeto, reverencia que se debe a una persona por su nacimiento o dignidad. | 2. m. Circunspección, gravedad. | 3. m. Pureza, honestidad, recato. | 4. m. Honra, pundonor, estimación. | 5. m. Nivel mínimo de calidad de vida para que la dignidad de alguien no sufra menoscabo. Su sueldo le permite vivir con decoro. | 6. m. Arq. Parte de la arquitectura que enseña a dar a los edificios el aspecto y propiedad que les corresponde según sus destinos respectivos. | 7. m. Ret. Adecuación del lenguaje de una obra literaria a su género, a su tema y a la condición de los personajes. | 8. m. T. lit. Conformidad entre el comportamiento de los personajes de una obra y sus respectivas condiciones». «Guardar el decoro»: «1. loc. verb. Comportarse con arreglo a la propia condición social». «Guardar el decoro a alguien o a algo»: «1. loc. verb. Corresponder con actos o palabras a su estimación o a su merecimiento». Hermenéutica de la «semnótes»: el concepto de decoro en la ética de Aristóteles 203 Daimon. Revista Internacional de Filosofía, nº 77 (Mayo-Agosto) 2019 acepción «guardar el decoro a alguien o algo», una locución verbal que significa: «corresponder con actos o palabras a su estimación o a su merecimiento». Si en su lugar, dijéramos, simplemente, «guardar el decoro» (suprimiendo a quién), el significado sería completamente distinto: «comportarse con arreglo a la propia condición social» (una vez más, sería la embajadora la que guarda el decoro). Guardar el decoro a alguien (a la embajadora), nunca está relacionado con nuestra propia condición social, sino con la clase de actos y palabras con las que debemos corresponder a los méritos de otras personas. Y es precisamente esta clase de decoro la que refleja el valor relacional de la semnótes aristotélica. El semnós tiene dignidad, pero lo que lo caracteriza en cuanto semnós es que sabe cómo guardar el decoro a otras personas.

to adecuado y respetuoso correspondiente a cada categoría o situación. Se ha considerado como un respeto, reverencia que se debe a una persona por su nacimiento o dignidad.

Decorum[5] (palabra latina traducible por lo "apropiado" o lo "adecuado, es un principio de la retórica clásica, la poética y la preceptiva dramática, así como de la estética y la teoría del arte, para designar lo apropiado de la utilización de un estilo o una forma para el asunto tratado. También se aplica para prescribir límites al comportamiento social que se considera adecuado en cada situación según las convenciones sociales. Se utiliza directamente en latín en contextos artísticos y literarios (el DRAE recoge este sentido en las acepciones 6, 7 y 8 de la palabra castellana "decoro").[5]

1.3. Violencia digital

Que es la violencia digital? Es un delito en el que se afecta la intimidad sexual de una persona a través de medios digitales.

Es toda acción dolosa realizada mediante el uso de tecnologías de la información y la comunicación, por la que se exponga, distribuya, difunda, exhiba, transmita, comercialice, oferte, intercambie o comparta imágenes, audios o videos reales o simulados de contenido intimo sexual de una persona sin su consentimiento, sin su aprobación o sin su autorización y que le cause daño psicológico emocional, en cualquier ámbito de su vida privada o en su imagen propia. Así como aquellos actos dolosos que causen daño a la intimidad, privacidad y/o dignidad de las mujeres, que se cometan por medio de las tecnologías de la información y la comunicación[6]

---

5 https://es.wikipedia.org/wiki/Decorum

6 Art, 20 quarter de la Ley General de Acceso a las mujeres a una vida libre de violencia.

Cada día es más frecuente observar en los medios de comunicación que incluyen las redes sociales que las personas humanas, sobre todo las mujeres y los menores de edad, han sido objeto de violencia digital y en consecuencia una violación de sus derechos humanos que al realizarse lleva a la víctima a afectaciones emocionales que por ende surgen afectaciones psicológicas y que la ley las ha identificado como un daño moral y en ese sentido, también debe hacerse valer la indemnización lo que para tal efecto señalan nuestros ordenamientos jurídicos.

De allí que, sin entrar en análisis integral, la violencia digital ha tenido diversas acepciones sobre todo en términos anglosajones como el ciberbullyng, el sexting, el stalked, el grooming, el shaming y el doxing.

Al efecto la Suprema Corte se ha pronunciado en relación a la violencia digital o relacionada con el uso de las tecnologías de la información contra las mujeres, quien, en el marco de juzgar con perspectiva de género, los Juzgadores tienen la obligación de salvaguardar los derechos a la intimidad, a la vida privada, al honor y a la propia imagen, pues de no hacerlo, estarían vulnerándose sus derechos humanos.[7]

---

7 https://sjf2.scjn.gob.mx/detalle/tesis/2026347 Tesis Registro digital: 2026347 Instancia: Tribunales Colegiados de Circuito Undécima Época Materia(s): Constitucional, Civil Tesis: I.3o.C.469 C (10a.) Fuente: Gaceta del Semanario Judicial de la Federación. Libro 24, Abril de 2023, Tomo III, página 2676 Tipo: Aislada VIOLENCIA DIGITAL O RELACIONADA CON EL USO DE LAS TECNOLOGÍAS DE LA INFORMACIÓN CONTRA LAS MUJERES. EN EL MARCO DE JUZGAR CON PERSPECTIVA DE GÉNERO, LAS PERSONAS JUZGADORAS TIENEN LA OBLIGACIÓN DE SALVAGUARDAR LOS DERECHOS A LA INTIMIDAD, A LA VIDA PRIVADA, AL HONOR Y A LA PROPIA IMAGEN.Hechos: En un juicio ordinario civil la parte actora demandó, entre otras cosas, el daño moral que le había ocasionado el demandado por la distribución digital de sus fotografías íntimas. La juzgadora de primera instancia consideró

---

que la acción se encontraba acreditada, por lo cual condenó al demandado al respectivo pago por daño moral, disculpas públicas y a abstenerse de acercarse a la actora. Con posterioridad, la Sala responsable resolvió confirmar la sentencia recurrida. Criterio jurídico: Este Tribunal Colegiado de Circuito determina que las personas juzgadoras tienen la obligación de salvaguardar los derechos a la intimidad, a la vida privada, al honor y a la propia imagen, ante la violencia digital o relacionada con el uso de las tecnologías de la información contra las mujeres. Justificación: Lo anterior, porque una persona tiene absoluta libertad de compartir aspectos íntimos de su vida, incluso de su vida sexual a través de medios digitales, sin que eso signifique una autorización tácita para que los contenidos que resulten de ello sean compartidos con terceros ajenos a esa conversación que nada tienen que ver con la interacción privada con una o varias personas; ese nuevo paradigma, en el que se contempla a los medios digitales como espacios en los que de igual manera tienen que garantizarse los derechos de las personas, particularmente los relativos a la vida privada y a la propia imagen, deben crearse entendiendo de manera plena y con la mayor amplitud posible el tipo de interacciones que se dan a través de éstos, dando por hecho que las personas pueden y van a compartir aspectos personalísimos de su vida, fincando nuevas responsabilidades al Estado para garantizar derechos primordiales, como a la privacidad, a la intimidad personal, al honor y a la imagen pública, sin coartar por ningún motivo su derecho a la libre expresión o el acceso a una tutela judicial efectiva. En ese tenor, atendiendo a la obligación que tienen los órganos jurisdiccionales de juzgar con perspectiva de género, es que existe la obligación de salvaguardar los derechos antes mencionados, pues es un hecho notorio que existe violencia sistemática contra las mujeres, quienes sufren particularmente de violaciones contra su intimidad y que, por tal motivo, se ven afectadas en todas las esferas de su vida. Cabe agregar que la violencia en la dimensión tecnológica contra las mujeres y niñas conlleva factores relevantes, como la facilidad de encontrar el contenido (obtenido y publicado sin el consentimiento de las afectadas), la permanencia en línea de dicha información, así como la facilidad de replicar y escalar la distribución del material. En ese tenor, cada vez que se reenvía contenido, se promueve y refuerza la violencia hacia las mujeres y niñas y puede

Por otro lado es cierto que algunas afectaciones corresponden estrictamente a personas humanas, pero también es cierto que algunas de ellas pueden aplicarse en las personas jurídicas pues existen algunos derechos que pueden ser dañados en dichas personas morales como el honor, el prestigio, la reputación, la estabilidad económica, la estabilidad social y recientemente el mal uso de la inteligencia artificial ha generado, además de incertidumbre, la posibilidad de generar diversos daños tanto a la persona jurídica como a quienes la integran, sean éstas personas físicas o morales.

1.4. Reputación

La Real Academia Española señala que es "Una opinión o consideración en que se tiene a alguien o algo", la opinión, idea o concepto que la gente tiene sobre una persona o cosa.

Esto significa que esa "opinión" se puede interpretar como buena o mala reputación; esto es, una buena reputación puede

---

derivar en la revictimización y nuevos traumas para víctimas y sobrevivientes, puesto que se generan archivos digitales permanentes difíciles de eliminar; incluso existen instituciones internacionales que han reconocido que los derechos protegidos fuera de línea también deben ser procurados en Internet; sin embargo, varios reportes indican que los Estados han fallado en su obligación de adoptar medidas apropiadas para ello, o bien, están utilizando leyes contra la violencia de género como un pretexto para restringir libertades, incluyendo el derecho de libre expresión. Este tipo de violencia tiene impacto y consecuencias reales y graves en la vida de las mujeres, puesto que pone en riesgo sus derechos e, incluso, supone peligros a su integridad. TERCER TRIBUNAL COLEGIADO EN MATERIA CIVIL DEL PRIMER CIRCUITO. Amparo directo 27/2020. 18 de noviembre de 2020. Unanimidad de votos. Ponente: Paula María García Villegas Sánchez Cordero. Secretaria: Cinthia Monserrat Ortega Mondragón.sta tesis se publicó el viernes 21 de abril de 2023 a las 10:25 horas en el Semanario Judicial de la Federación.

significar en algunos casos, trátese de personas físicas o morales, sinónimo de honorabilidad, de confianza, de buena fe, en cambio de mala reputación, podría significar que es, si se trata de una persona fraudulenta, delincuente, por mencionar algunos conceptos, y si se trata de cosas, podríamos señalar es una mala calidad, es una comida mala, es un vino malo, etc.

En consecuencia, esa opinión o conducta de terceros que afectan la credibilidad que una persona física o moral goza, o sí tratándose de personas jurídicas en su relación con los clientes o su relación con otras empresas del mismo u otro giro mercantil o aquellas que forman parte de sus intangibles como su marca, su nombre comercial, incluso si hay usurpación del nombre, está afectando su reputación y por ende, hay daño moral.

1.5. Vida privada

Es aquella que no está dedicada a una actividad pública y, que por ende, es intrascendente y sin impacto en la sociedad de manera directa; y en donde, en principio, los terceros no deben tener acceso alguno, toda vez que las actividades que en ella se desarrollan no son de su incumbencia ni les afecta.

Podemos considerar que si bien la vida privada se conceptualiza en forma genérica para cada individuo, no menos cierto es que también puede afectar a una persona jurídica, pues ésta se compone de individuos ya sean personas físicas o morales y en ese sentido, tienen un legítimo derecho en no ser señalados ni afectados cuando existe un daño moral a la persona moral (Sociedad Mercantil) cuando de ésta formen parte, ya sea como accionistas, ya como empleados, incluso ya sea como familiares de los mismos y más aún de los clientes.

De tal suerte que al surgir una responsabilidad civil derivada de un hecho o acto ilícito es indudable que debe haber una reparación de daño a quien ha resultado afectado por tal conducta y si se trata de la entidad jurídica y este daño moral, independientemente del patrimonial, se exiende a las personas humanas que de una u otra forma están potencialmente ligadas, y por ello, también deben ser justamente indemnizadas.

La Ley de Responsabilidad Civil para la protección del Derecho a la Vida privada, el Honor y la propia imagen en el Distrito Federal" (hoy Ciudad de México) la cual se puede en caso necesario, aplicar supletoriamente. Establece en su artículo 5°. Lo siguiente: "El derecho a la vida privada, al honor y la propia imagen, serán protegidos civilmente frente a todo daño que se les pudiere causar derivado de acto ilícito, de acuerdo con lo establecido en la presente ley".

1.6. Honor

Es la cualidad moral que impulsa a una persona a actuar rectamente, cumpliendo su deber y de acuerdo con la moral; Esto es, es una cualidad que lleva a las personas al cumplimiento de los propios deberes y respecto del prójimo y de uno mismo[8] , es el bien jurídico constituido por las proyecciones psíquicas del sentimiento de estimación que la persona tiene de sí misma, atendiendo a lo que la colectividad en que actúa considera como sentimiento estimable.

En nuestro país, la Suprema Corte de Justicia de la Nación ha considerado en tesis aislada, que hay tipos de daño moral de acuerdo al interés afectado, a saber: el daño moral es un género, el cual se divide en tres especies relativas al daño AL HONOR, daños Estéticos y Daños a los sentimientos; Que el

---

8 https://www.rae.es/drae2001/honor

daño moral puede tener consecuencias patrimoniales y extrapatrimoniales, así como consecuencias presentes y futuras[9]

[9] https://sjf2.scjn.gob.mx/detalle/tesis/2025633 Tesis Registro digital: 2026347 Instancia: Tribunales Colegiados de Circuito Undécima Época Materia(s): Constitucional, Civil Tesis: I.3o.C.469 C (10a.) Fuente: Gaceta del Semanario Judicial de la Federación. Libro 24, Abril de 2023, Tomo III, página 2676 Tipo: Aislada VIOLENCIA DIGITAL O RELACIONADA CON EL USO DE LAS TECNOLOGÍAS DE LA INFORMACIÓN CONTRA LAS MUJERES. EN EL MARCO DE JUZGAR CON PERSPECTIVA DE GÉNERO, LAS PERSONAS JUZGADORAS TIENEN LA OBLIGACIÓN DE SALVAGUARDAR LOS DERECHOS A LA INTIMIDAD, A LA VIDA PRIVADA, AL HONOR Y A LA PROPIA IMAGEN. Hechos: En un juicio ordinario civil la parte actora demandó, entre otras cosas, el daño moral que le había ocasionado el demandado por la distribución digital de sus fotografías íntimas. La juzgadora de primera instancia consideró que la acción se encontraba acreditada, por lo cual condenó al demandado al respectivo pago por daño moral, disculpas públicas y a abstenerse de acercarse a la actora. Con posterioridad, la Sala responsable resolvió confirmar la sentencia recurrida. Criterio jurídico: Este Tribunal Colegiado de Circuito determina que las personas juzgadoras tienen la obligación de salvaguardar los derechos a la intimidad, a la vida privada, al honor y a la propia imagen, ante la violencia digital o relacionada con el uso de las tecnologías de la información contra las mujeres. Justificación: Lo anterior, porque una persona tiene absoluta libertad de compartir aspectos íntimos de su vida, incluso de su vida sexual a través de medios digitales, sin que eso signifique una autorización tácita para que los contenidos que resulten de ello sean compartidos con terceros ajenos a esa conversación que nada tienen que ver con la interacción privada con una o varias personas; ese nuevo paradigma, en el que se contempla a los medios digitales como espacios en los que de igual manera tienen que garantizarse los derechos de las personas, particularmente los relativos a la vida privada y a la propia imagen, deben crearse entendiendo de manera plena y con la mayor amplitud posible el tipo de interacciones que se dan a través de éstos, dando por hecho que las personas pueden y van a compartir aspectos personalísimos de su vida, fincando nuevas responsabilidades al Estado para garantizar

En materia penal, es cierto que la trilogía de los delitos contra el honor como son las injurias, la difamación y la calumnia, se encuentran derogados desde el año de 1985 y 2017 en el Código Penal Federal, no puede considerarse un delito, sin embargo en materia civil, al existir este tipo de afectaciones

---

derechos primordiales, como a la privacidad, a la intimidad personal, al honor y a la imagen pública, sin coartar por ningún motivo su derecho a la libre expresión o el acceso a una tutela judicial efectiva. En ese tenor, atendiendo a la obligación que tienen los órganos jurisdiccionales de juzgar con perspectiva de género, es que existe la obligación de salvaguardar los derechos antes mencionados, pues es un hecho notorio que existe violencia sistemática contra las mujeres, quienes sufren particularmente de violaciones contra su intimidad y que, por tal motivo, se ven afectadas en todas las esferas de su vida. Cabe agregar que la violencia en la dimensión tecnológica contra las mujeres y niñas conlleva factores relevantes, como la facilidad de encontrar el contenido (obtenido y publicado sin el consentimiento de las afectadas), la permanencia en línea de dicha información, así como la facilidad de replicar y escalar la distribución del material. En ese tenor, cada vez que se reenvía contenido, se promueve y refuerza la violencia hacia las mujeres y niñas y puede derivar en la revictimización y nuevos traumas para víctimas y sobrevivientes, puesto que se generan archivos digitales permanentes difíciles de eliminar; incluso existen instituciones internacionales que han reconocido que los derechos protegidos fuera de línea también deben ser procurados en Internet; sin embargo, varios reportes indican que los Estados han fallado en su obligación de adoptar medidas apropiadas para ello, o bien, están utilizando leyes contra la violencia de género como un pretexto para restringir libertades, incluyendo el derecho de libre expresión. Este tipo de violencia tiene impacto y consecuencias reales y graves en la vida de las mujeres, puesto que pone en riesgo sus derechos e, incluso, supone peligros a su integridad. TERCER TRIBUNAL COLEGIADO EN MATERIA CIVIL DEL PRIMER CIRCUITO. Amparo directo 27/2020. 18 de noviembre de 2020. Unanimidad de votos. Ponente: Paula María García Villegas Sánchez Cordero. Secretaria: Cinthia Monserrat Ortega Mondragón. Esta tesis se publicó el viernes 21 de abril de 2023 a las 10:25 horas en el Semanario Judicial de la Federación.

en contra de una persona física o moral, es indudable que se encuentra causando afectaciones y por ende un daño moral el cual debe ser indemnizado.

La Ley de Responsabilidad Civil para la protección del Derecho a la vida privada, el honor y la propia imagen en el Distrito Federal (hoy Ciudad de México), publicada en el Diario oficial de la Federación el 19 de mayo de 2006, la cual está vigente, establece en su capítulo III, medularmente que el honor es el bien jurídico constituido por las proyecciones psíquicas del sentimiento de estimación que la persona tiene de sí misma, atendiendo a lo que la colectividad en que actúa, considera como sentimiento estimable.[10]

---

[10] https://legislacion.scjn.gob.mx/Buscador/Paginas/wfProcesoLegislativoCompleto.aspx?q=ocbvjXjq9krUTOeL/uraYVe7inoFUFpQHin3sTR7+5bGCby3Bd8FK8+Cb2niz64Gr1Df3aGJ3616lGzrB2I+zA== Fecha de publicación: 19/05/2006Categoría: LEY CAPÍTULO III. DERECHO AL HONOR. Artículo 13. El honor es la valoración que otros hacen de la personalidad ético- social de un sujeto. Comprende las representaciones que el sujeto tiene de sí mismo que se identifica con la buena reputación y la fama.El honor es el bien jurídico constituido por las proyecciones psíquicas del sentimiento de estimación que la persona tiene de sí misma, atendiendo a lo que la colectividad en que actúa, considera como sentimiento estimable. Artículo 14. El carácter molesto e hiriente de una información no constituye en sí un limite al derecho a la información, para sobrepasar el límite de lo tolerable, esas expresiones deberán ser insultantes, insinuaciones insidiosas y vejaciones innecesarias en el ejercicio de las libertades de expresión e información. Por tanto, la emisión de juicios insultantes por sí mismas en cualquier contexto, que no se requieren para la labor informativa o de formación de a opinión que se realice, supone un daño injustificado a la dignidad humana. Articulo 15. En ningún caso se considerará como ofensas al honor, los juicios desfavorables de la crítica literaria, artística, histórica, científica o profesional, el concepto desfavorable expresado en cumplimiento de un deber o ejerciendo un derecho siempre que

1.7. Prestigio

Buena fama o buena opinión que se forma una colectividad sobre una persona o una cosa y esta buena fama o buena opinión también se traslada a los entes colectivos, sean estos de naturaleza social, órganos de autoridad o personas jurídicas como es el caso, de las Sociedades Mercantiles

Luego entonces, podemos considerar que dentro del prestigio se encuentra la marca que es todo signo visible que distingue productos o servicios de otros de su misma especie o clase en el mercado. Su uso exclusivo se obtiene mediante su registro ante el Instituto Mexicano de la Propiedad Industrial

Entonces si existe un prestigio buena o mala opinión frente a una sociedad, esta opinión indudablemente impacta sobre la marca; y si se difunde inadecuadamente una opinión negativa sobre ella sin sustento legal alguno, es indudable que se ocasiona una violación a los derechos humanos y por ende, un daño moral.

También existe la "marca personal" que son aquellas personas físicas que proyectan de su perfil personal una imagen que se quiere dar a la Sociedad y al establecerse una buena opinión de la colectividad permite establecerse como un líder y su prestigio, es bueno, es decir, la opinión de la colectividad. Ejemplo de ello, son los "influencers" que son lideres en opinión, a veces buena, a veces mala, pero es una opinión.- Como señala la Maestra Karen Camarena, en su conferencia "Valuación de la Marca personal" respecto de la marca personal, al mencionar que "existe una nueva tendencia en donde se debe considerar a los profesionales como individuos, poseedores de talentos, valores y cualidades que logren detonar todos sus potenciales

---

el modo de proceder o la falta de reserva cuando debió haberla, no demuestre un propósito ofensivo.

De allí que ha detonado "branding personal" que es el que muestra todas las experiencias, aptitudes, ideales y opiniones, y primordialmente credibilidad y promoción de los rasgos profesionales, e identificarte como experto en el área en la que te desempeñas"[11]

Así, tenemos que un "influencers" también puede tener un prestigio, sea éste positivo o negativo, de tal suerte que en caso de que sea positivo y sea dañado, puede también existir un daño moral.

1.8. Estabilidad Económica

En macroeconomía la estabilidad económica se refiere a la ausencia de grandes variaciones en el nivel de producción, renta y empleo, aunado a la poca o nula inflación. En las personas morales (sociedades mercantiles) se puede interpretar como la ausencia de grandes variaciones en el nivel de producción de la rama o actividad que tiene, renta y empleo, aunado al impacto que sufre debido a la poca o nula inflación de una región o de un país.

Abordamos este concepto, debido a que nuestro enfoque principal se refiere al daño moral de las Sociedades Mercantiles y las actividades de éstas se refieren justamente a los actos de comercio que regula el Código de Comercio y en ese sentido, es importante la estabilidad económica, pues si existe un daño moral a la empresa, el impacto surge de inmediato en su economía, es decir, en su estabilidad económica.

---

11 Maestra Karen Bibiana Camarena Gutiérrez, Corredor Publico número 74 del Estado de Jalisco. Conferencia "Valuación de la Marca Personal". 25 de mayo 2023

1.9. Estabilidad social

Es el nivel de seguridad o inseguridad para la existencia de un desarrollo equilibrado y sostenible que contribuya al progreso real de la sociedad.

Esto desde luego, puede existir tanto en personas físicas como en personas morales, sin embargo, es bien sabido, que independientemente de la posición de una marca o de una empresa en determinada región, independientemente de su estabilidad económica, también socialmente puede sufrir un daño moral; esto porque al verse involucrado en cualesquiera otra de las afectaciones, generada por una responsabilidad civil objetiva o subjetiva, puede ser socialmente afectada y por ende un desequilibrio social que puede traer como consecuencia una afectación no enunciada en la ley civil, pero tampoco limitada y desde luego, en nuestra opinión al estar afectada la estabilidad social, puede existir un daño moral y por ende el establecimiento de un quantum indemnizatorio.

Por otra parte, como señala la Suprema Corte de Justicia de la Nación, el daño moral se puede dividir en categorías y especies. El género es el daño moral y las especies son:

- Daños al honor
- Daños estéticos
- Daños a los sentimientos

No obstante esta división, en el momento de realizar un análisis de las variables o afectaciones que sufre la persona sea esta física o moral para establecer el quantum indemnizatorio, pueden surgir nuevas hipótesis que no estén incluídas en esta división como lo es el proyecto de vida que puede tener un estudiante y porque no mencionarlo, el proyecto de vida que el ente persona jurídica tiene contemplado al momento de constituirse como tal.

Así las cosas, la estabilidad social, en los tiempos actuales es difícil observarla en algunas partes de nuestro país, ya que es de todos conocido la inseguridad que priva en gran parte de la república mexicana y es allí donde esta afectado el desarrollo equilibrado de la sociedad, que permita justamente el progreso.

1.10. Consideración que de sí misma tienen los demás

No dejamos de mencionar que este criterio en esencia se basa en los derechos de la personalidad, esto es de la configuración y aspectos físicos y al establecerse una consideración que de si misma tienen los demás, se deja a la opinión de la colectividad si esa imagen opinión, o consideración, es buena o es mala.

Al respecto Paul Schilder en su libro "the image and appearance of the human body" de 1935 en su definición psicológica señala y propone la primera definición que se realiza sin recurrir a aspectos exclusivamente neurológicos. En su definición de imagen corporaL se conjugan aportaciones de la fisiología, del psicoanálisis y de la sociología definiéndola como: "La imagen del cuerpo es la figura de nuestro propio cuerpo que formamos en nuestra mente, es decir, la forma en la cual nuestro cuerpo se nos representa a nosotros mismos "Schilder 1950) Existen numerosos términos utilizados actualmente en este campo, que son cercanos conceptualmente, similares en algunos aspectos, o incluso sinónimos, pero que no han sido consensuados por la comunidad científica. Por ejemplo: Imagen Corporal, Esquema Corporal, Satisfacción Corporal, Estima Corporal, Apariencia, Apariencia Corporal, y dentro de las alteraciones se habla de Trastorno de la Imagen Corporal, Alteración de la Imagen Corporal, Insatisfacción Corporal, Dismorfia Corporal, Insatisfacción Corporal o Distorsión Perceptiva Corporal.

Pruzinsky y Cash (1990) proponen que realmente existen varias imágenes corporales interrelacionadas: - Una imagen perceptual. Se referiría a los aspectos perceptivos con respecto a nuestro cuerpo, y podría parecerse al concepto de esquema corporal mental, incluiría información sobre tamaño y forma de nuestro cuerpo y sus partes. – Una imagen cognitiva. Que incluye pensamientos, auto-mensajes, creencias sobre nuestro cuerpo – Una imagen emocional. Que incluye nuestros sentimientos sobre el grado de satisfacción con nuestra figura y con las experiencias que nos proporciona nuestro cuerpo. Para estos autores la imagen corporal que cada individuo tiene es una experiencia fundamentalmente subjetiva, y manifiestan que no tiene porque haber un buen correlato con la realidad.

En relación a los derechos de la personalidad. Eduardo de la Parra Trujillo,[12] señala: "Aunque podría confundirse el grado de satisfacción de nuestra figura con el hecho de que la colectividad tenga una consideración que de ella tienen los demás, en resumen quien juzga o considera a la persona es la colectividad, el entorno, la sociedad y al hacerlo de manera negativa, se encuentra afectando o vulnerando esa consideración que finalmente puede traducirse en un daño emocional, en un daño moral".

Los derechos de la personalidad. "La personalidad es la proyección de la persona en el ámbito de lo jurídico, es una posibilidad abstracta para actuar como sujeto activo o pasivo en la infinita gama de relaciones jurídicas"

"Los llamados derechos de la personalidad que también se denominan derechos sobre la propia persona, individuales o personalísimos, constituyen un tipo singular de facultades reconocidas a las personas físicas para el aprovechamiento legal

---

12 Galindo Garcias, Ignacio. Derecho Civil. Decima cuarta edición. Porrua. México, 1995 pag. 140

de diversos bienes derivados de su propia naturaleza somática, de sus cualidades espirituales y en general de las proyecciones integrantes de su categoría humana".[13]

Entonces, por personalidad se entiende el conjunto de manifestaciones físicas o psíquicas del ser humano, derivadas de su individualidad, su modo de ser, que lo distingue de otros seres humanos, haciéndolo[14] un ser único e irrepetible"

Una persona física o ser humano tiene la aptitud para reclamar como afectación un daño referente a la consideración que de sí misma tienen los demás, sin embargo en el año 2005, la Primera Sala de la Suprema Corte de Justicia de la Nación estableció jurisprudencia considerando que las personas morales están legitimadas para demandar su reparación en caso de que se afecte la consideración que tienen los demás respecto a ellas. Registro digital 178767; de tal suerte que si una persona jurídica (sociedad Mercantil) que tiene dentro de sus actividades mercantiles el propósito de lucro derivado de actos de comercio debe aplicarse dicho criterio y en caso de que sufra una afectación por la consideración que de la empresa tengan los demás, debe indemnizarse por el daño moral sufrido.- Más aún, estimamos que el daño también afecta a quienes integran la entidad jurídica, esto, porque cualesquiera de las afectaciones que regula el artículo 1916 del Código Civil, impacta tanto a la empresa como ente jurídico (persona moral) como a las personas físicas que lo integran, sean estos accionistas a quienes se les identifica en muchas ocasiones como "propietarios", al órgano de administración, ya sea consejo de administración, ya administrador único, a los trabajadores que por el solo he-

---

13 Diccionario Jurídico Mexicano. Instituto de Investigaciones Jurídicas. Letras D-H. UNAM. Editorial Porrúa. México, 1998. Pág. 1066

14 Los derechos de la personalidad: Teoría general y su distinción de los derechos humanos y las garantías individuales. De la Parra Portillo,Eduardo. Pág. 141

cho de serlo, corren la suerte de que sean afectados, incluso a la propia familia que de una u otra manera necesitan paz y tranquilidad en su entorno.

Por todo ello, estimamos que si una persona moral, persona jurídica es violentada en estos derechos, también es violentada en los derechos de los accionistas y en consecuencia el daño moral si influye en estos últimos; esto porque generalmente a los accionistas se les identifica o asocia con la persona moral. Ejemplo: Los grandes grupos corporativos mexicanos que cotizan en la bolsa mexicana de valores y que sus principales accionistas son ampliamente conocidos en el mundo de los negocios.

1.11. Paz y tranquilidad

Aun cuando expresamente nuestra Carta Magna no establece en forma específica que una de las protecciones en derechos humanos es la paz y la tranquilidad, podemos deducir que en el artículo 3°. De la Constitución al establecer en lo medular que "...la educación se basará en el respeto irrestricto de la dignidad de las personas con enfoque de derechos humanos y de igualdad sustantiva. Tenderá a desarrollar armónicamente todas las facultades del ser humano y fomentará en él, a la vez el amor a la patria, el respeto a todos los derechos, las libertades, la cultura de la paz y la conciencia de la solidaridad internacional, en la independencia y en la justicia; promoverá la honestidad, los valores y la mejora continua del proceso de enseñanza..."

La tranquilidad por su parte, podría considerarse como una consecuencia de la paz, es decir, que hay calma, sosiego, reposo, placidez, quietud y con ello como seres humanos se puede obtener una felicidad, pues ambas (paz y tranquilidad) están estrechamente asociadas.

Entendiendo esta simple descripción, podremos concluir que para que una persona física se encuentre en plenitud de su equilibrio emocional, debe tener una paz interior y exterior, con el mayor sosiego, calma, placidez y quietud; y en cambio, una persona jurídica en su interior debe estar inalterado ese equilibrio por quienes la integran y aun cuando la tranquilidad podría interpretarse que solo la tienen las personas físicas, estimamos que si hay paz frente a una sociedad civil, por parte de la persona moral,y si ésta se encuentra alterada por alguna circunstancia ajena a sus integrantes, también puede afectarse, máxime que la carta magna establece en lo medular en su artículo 14 Constitucional que en lo medular contiene: "..... nadie puede ser molestado en su persona, familia, domicilio, papeles o posesiones, sino en virtud de mandamiento escrito de la autoridad competente, que funde y motive la causa legal del procedimiento..."

Por todo ello consideramos que la paz y la tranquilidad que los derechos humanos protegen en sus diferentes tratados y convenciones, incluye tanto a personas físicas como personas morales.

1.12. Aspectos físicos

Es indudable que una de las preocupaciones que los integrantes de la suscripción de los diversos Tratados y/o Convenios Internacionales en los que México ha participado, es precisamente evitar la discriminación de las personas, y que éstas no pueden juzgarse por la apariencia, por su origen étnico, genero, edad, discapacidad, condición social, de salud, de sexo, o de cualquiera otra discriminación que atente la dignidad humana.- Por ello, en nuestra carta en su artículo primero último párrafo protege estos derechos humanos al establecer "...queda prohibida toda discriminación motivada por origen étnico o nacional, el género, la edad, las discapacidades, la condición social, las condiciones de salud, la religión, las opiniones, las preferencias sexuales, el estado civil o cualquier otra que atente contra la dignidad humana y tenga por objeto anular o menoscabar los derechos y libertades de las personas."

Por otro lado, el Código Penal Federal en su artículo 149 ter, regula las sanciones que deben aplicarse a quienes lleven actos de discriminación por razones de origen o pertenencia étnica o nacional, raza, color de piel, lengua, género, sexo, preferencia sexual, edad, estado civil, origen nacional o social, condición social o económica, condición de salud, embarazo, opiniones políticas o de cualquier otra índole atente contra la dignidad humana o anule o menoscabe los derechos y libertades de las personas;

Por ello, si en nuestros apuntes nos referimos al daño moral que se pueden ocasionar tanto a personas físicas o morales, no podemos dejar de mencionar que al discriminarse a una persona por su aspecto físico, también puede causar un daño moral y que en el caso concreto, solo compete al aspecto intrínseco de la persona como ser humano.

1.13. Integridad (física o psíquica)

Lo mismo sucedería cuando se afecta la integridad física o psíquica de la persona, pues esta se refiere exclusivamente al ser humano como persona, es decir, en su aspecto intrínseco, interno, lo cual también se encuentra protegido como derecho humano tanto en nuestra Carta Magna como en los diversos tratados y convenios Internacionales del que nuestro país ha sido parte.

La integridad física se puede interpretar como una plenitud corporal del individuo, por ello se ha incorporado en el Código Civil Federal que establece que debe protegerse de cualquier agresión que puedan lastimar el cuerpo, ya sea causando la muerte o algún daño a su salud y al haberse violentado esta integridad, la víctima tiene pleno derecho de demandar el pago por daño moral.

La integridad física o psíquica de una persona física, como ser humano, es un derecho humano tan frágil que cualquier actitud de un tercero, puede afectarla y pasar desapercibido, un ejemplo simple de ello es transitar por cualquier calle y sufrir algún accidente provocado por otra persona, o simplemente consumir alimentos en mal estado que afecta nuestra salud; Otro ejemplo muy conocido en el país es la caída de la línea 12 del metro, que la autoridad, a sabiendas de la ausencia de mantenimiento, provoco mucho daño a las personas, afectando, no tan solo a las víctimas fatales y sus familiares, sino a todas aquellas personas que utilizan dicho servicio de transporte, ocasionándose en este ultimo ejemplo también un daño psíquico a las victimas, hayan sido estas directas, indirectas o potenciales.

En cuanto a la integridad psíquica es la plenitud de las facultades morales, intelectuales y emocionales y en este protegido derecho humano podemos considerar que existe un riesgo constante en violentar esta integridad psíquica, ya por la coacción de otra persona o de la autoridad, (vgr.desaparición forzada) ya por la consecuencia de la afectación a la persona por daño a la integridad física.

Capitulo II.

Personas físicas y personas morales o jurídicas

En primer término señalamos que el artículo 4°. Constitucional establece que toda persona tiene derecho a la identidad y a ser registrado de manera inmediata a su nacimiento. El Estado garantizará el cumplimiento de estos derechos. La autoridad competente expedirá gratuitamente la primera copia certificada del acta de registro de nacimiento. Por su parte el artículo 16 en lo medular establece que toda persona tiene derecho a la protección de sus datos personales, al acceso, rectificación y cancelación de los mismos, así como a manifestar su oposición

Con el objeto de puntualizar la diferencia entre una persona física y una persona moral podremos establecer que una persona física es un individuo o ser humano, miembro de una comunidad con derechos y obligaciones establecidos por un ordenamiento jurídico.

1. PERSONAS FÍSICAS Y SUS ATRIBUCIONES

Personas físicas. - En esencia es el ser humano, cuyos derechos son implícitos desde su nacimiento, es decir, por el solo hecho de existir son personas y gozan de personalidad jurídica.

Aunque no define como tal a la persona física, Rafael Rojina Villegas destaca los atributos de las personas físicas y morales, señalando que las físicas tienen los siguientes atributos: I.- capacidad. 2.- estado civil.- 3.- Patrimonio.- 4.- Nombre.- 5.- Domicilio y 6.- Nacionalidad.

a) Capacidad. Es el atributo más importante de las personas físicas, pues la persona por el solo hecho de serlo, tiene capacidad jurídica que la ley le reconoce, la cual puede ser total o parcial; esto es, la capacidad de goce es el elemento esencial e imprescindible de toda persona física ya que es la aptitud para ser titular de derechos o para ser sujeto de obligaciones.

También puede existir una capacidad parcial debido a limitaciones físicas o legales que la persona puede tener.

Por tanto la capacidad se divide en dos tipos: la capacidad de goce y la capacidad de ejercicio.- La capacidad de goce se considera que es la aptitud para ser titular de derechos o para ser sujeto de obligaciones, la cual se ha considerado en tres grados: l.- en el grado mínimo de capacidad de goce existe en el ser concebido pero no nacido; II:- Los menores de edad; III.- los mayores de edad sujetos a interdicción.- En consecuencia, solo el ser humano, puede tener la capacidad de goce.- En cuanto a la capacidad de ejercicio existe cuando previamente existe la capacidad de goce y ejercer por sí mismo sus derechos y contraer y cumplir obligaciones en forma personal, incluso para comparecer a juicio por su propio derecho.

b) Estado Civil.- Doctrinalmente se ha considerado que el estado civil de las personas es la situación jurídica que una persona guarda en relación con la familia, el Estado o la Nación.- En principio el estado civil de las personas físicas solo se comprueba con las actas del estado civil que expide el Registro Civil, y el Código Civil Federal y sus correlativos en la república mexicana enumera el contenido de dichas actas; por lo que solo existe el estado civil soltero y casado y éste último se acredita con el acta de matrimonio.

c) Patrimonio .- El patrimonio es el conjunto de bienes propios de una persona (física o jurídica) o de una institución (pública o privada) susceptibles de estimación económica.

Así, tenemos que el Patrimonio es un atributo que a través de éste se puede ser sujeto de derechos y obligaciones.

Abundaremos un poco más en lo relativo al Patrimonio; esto, porque finalmente al establecer el quantum indemnizatorio por daño moral en una sociedad mercantil, es justo en el patrimonio donde repercute el pago de la indemnización, ya sea que la Sociedad Mercantil reciba el daño, ya, la obligación de pagar.

El patrimonio es un derecho sobre los bienes que es ajeno al derecho de las personas y la ley los considera como Derechos Reales y Derechos Personales.

Existen diversas doctrinas para comparar los derechos reales y los personales, sin embargo, este trabajo se constriñe a establecer tanto el daño patrimonial que se sufre por una persona física o moral; como el daño moral que también lo puede padecer una persona física o moral.

Hay dos teorías sobre el patrimonio: clásica o teoría del patrimonio-personalidad y moderna, teoría del patrimonio-afectación

Por su parte existe la doctrina de Aubry y Rau, que señalan que existen doce principios.

Conforme a la doctrina moderna del patrimonio-afectación la noción de patrimonio ya no se confunde con la personalidad, ni se le atribuyen las mismas características de indivisiblidad e inalienabilidad propias de la persona, sin dejar por ello de existir relación entre estos dos conceptos, pero no de identidad o de proyección del concepto de persona sobre el de patrimonio.

“El patrimonio actualmente se ha definido tomando en cuenta el destino que en un momento dado tengan determinados bienes, derechos y obligaciones, con relación a un fin jurídico gracias al cual se organizan legalmente en una forma autónoma"

Así las cosas, han existido muchos criterios que nos permiten tener la certeza que la personalidad o la persona es totalmente divisible de su patrimonio.

El patrimonio desde el punto de vista económico debe medirse o estimarse en dinero, contablemente se conforma de activos y pasivos, también hablamos de patrimonio aquellos bienes que se transmiten a través de la herencia.

Algunas entidades como los sindicatos o asociaciones cualquiera que sea su naturaleza, pudieran funcionar sin tener un patrimonio, por el solo hecho de ser entes jurídicos se puede ejercer el derecho de adquirir un patrimonio y en consecuencia, adquirir derechos o contraer obligaciones respecto de dichos bienes.

Como ya mencionamos en el trabajo anterior existe una clasificación de bienes que se encuentra regulada por el Código Civil Federal, pues no tan solo existen bienes muebles o inmuebles, sino que, la ley considera a los incorpóreos como bienes que también pueden formar parte de un patrimonio, incluso de otro tipo de derechos, como las licencias de uso para explotar determinados bienes.

En consecuencia, podríamos señalar que existen diferentes tipos de patrimonio, por ejemplo: El patrimonio de la familia, que lo constituyen los derechos y obligaciones que se han contraído con los años por el jefe de familia; El patrimonio de una Sociedad Conyugal que surge de un matrimonio; Hoy por hoy, con tantos desaparecidos en México el patrimonio de los ausentes; El fallecimiento de una persona genera el patrimonio hereditario; El patrimonio de una persona moral, es decir, de una entidad Civil o Mercantil; Con la pandemia por el covid19 se ha incrementado el patrimonio que compone la masa del comerciante que está en Concurso Mercantil.

También podemos mencionar que existe otro tipo de Patrimonio que la Organización de las Naciones Unidas para la Educación, la ciencia y la cultura (UNESCO), ha determinado que existe un patrimonio cultural de los pueblos que en esencia es un proceso que suministra a las sociedades un caudal de recursos que se heredan del pasado.

d) Nombre.- Todos los seres humanos tenemos el derecho de utilizar el nombre, el cual debe ser registrado ante la Oficina del Registro Civil correspondiente. Este identifica a la persona humana y aun cuando pueden existir homónimos, esto, puede resolverse con diferentes medios de prueba.

"El nombre cumple una función de policía administrativa para la identificación de las personas y desde el punto de vista civil constituye una base de diferenciación de los sujetos para poder referir a ellos consecuencias jurídicas determinadas"

Por ello podemos considerar que el nombre en una persona física es un derecho inalienable e intransmisible. El nombre es medular para la identificación de la persona física ya que puede identificarse a través del acta de nacimiento, del pasaporte o del registro ante el Instituto Nacional Electoral cuando es mayor de edad,

e) Domicilio. En cuanto al domicilio de las personas físicas, en términos generales es el lugar donde residen habitualmente, y a falta de éste, el lugar del centro principal de sus negocios; en ausencia de éstos, el lugar donde simplemente residan, y, en su defecto, el lugar donde se encontraren (se presume que una persona reside habitualmente en un lugar, cuando permanezca en él por más de seis meses. También puede existir el domicilio legal conforme lo señala el artículo 30 del Código Civil

Federal y es el lugar donde la ley le fija su residencia para el ejercicio de sus derechos y el cumplimiento de sus obligaciones, aunque de hecho no esté allí presente.

f) Nacionalidad. La nacionalidad.- Las personas físicas además de su nacionalidad por nacimiento, pueden tener dos, incluso múltiples nacionalidades pues en México, la ley de la materia así lo prevee; sin embargo, cuando se ostente como mexicano, debe ajustarse a lo que establece la Constitución Política de los Estados Unidos Mexicanos y las leyes que de ellas emanan, es cierto que pueden incrementarse los derechos de las personas físicas al adquirir diferentes nacionalidades, sin embargo, también se incrementa el nivel de responsabilidades.

2. PERSONAS MORALES O JURÍDICAS Y SUS ATRIBUCIONES

Personas morales o personas jurídicas.- Es un conjunto de personas físicas o morales que se reúnen para un fin específico, la cual puede ser con o sin fines de lucro, y a su vez estas personas jurídicas también pueden ser individuales como la Sociedad por Acciones simplificada o jurídicas colectivas, cuya integración, como se ha mencionado la forman un conjunto de personas físicas o morales ajena a su individualidad y que al reunirse se crean un ente jurídico diferente; es decir, la persona moral o jurídica, la cual desde luego, adquiere derechos y obligaciones y en consecuencia se le reconoce una personalidad jurídica distinta.

La persona moral o jurídica, por sí misma tiene atribuciones, derechos y obligaciones que son independientes de cada persona física que lo integran y que las mismas desde luego también se encuentran establecidas en un ordenamiento jurídico, sea éste Civil o Mercantil.

En la escena jurídica para la constitución de las Sociedades Mercantiles, solo importan algunos atributos de las personas físicas o seres humanos como son el nombre, domicilio, capacidad, estado civil y nacionalidad, sin embargo, en el momento de la Constitución de las personas morales el fedatario público (Notario Público o Corredor Público) también tiene obligación de solicitar otra información como identificación, registro federal de Causantes, y otras obligaciones que señala la Ley Federal para la Prevención e Identificación de Operaciones con Recursos de Procedencia Ilícita por mencionar algunas.

"Es más amplio el concepto de persona que el del ser humano a causa de la existencia de personas que no son seres humanos y para las cuales se utiliza el término de personas morales"

En el Derecho Romano se hacía una distinción de la persona colectiva (persona Moral). 1.- Las corporaciones que eran personas colectivas de miembros asociados voluntariamente o persona la fuerza de la tradición; 2.- Las fundaciones o sea afectaciones de patrimonios a un fin determinado; 3.- De carácter público (Estado o Municipio) porque consideraban que el Estado no tenía en su poder bienes que no podían considerarse como propiedad de los ciudadanos; 4.- De carácter Semipúblico, con autorización especial dada por el Senado, por ejemplo; las cofradías religiosas, cuerpos de bomberos, sindicatos; y 5.- De carácter privado, que eran organismos dedicados a la especulación comercial privada que tenían personalidad jurídica.

En lo que se refiere a las personas morales, establece el artículo 25 de la Ley Sustantiva Civil Federal que son personas morales: I.- La Nación, los Estados y los Municipios; II. Las demás corporaciones de carácter público reconocidas por la ley; III. Las sociedades civiles o mercantiles; IV. Los sindicatos, las asociaciones profesionales y las demás a que se refiere la fracción XVI del artículo 123 de la Constitución Federal; V. Las sociedades cooperativas y mutualistas; VI. Las asociaciones distintas de las enumeradas que se propongan fines políticos, científicos, artísticos, de recreo o cualquiera otro fin lícito, siempre que no fueren desconocidas por la ley. VII. Las personas morales extranjeras de naturaleza privada, en los términos del artículo 2736.

Aquí, abordaremos exclusivamente el contenido de la fracción III es decir, a las Sociedades Mercantiles y en especial a las Sociedades Anónimas.

Conforme al Derecho Civil, las personas jurídicas tienen los siguientes atributos: capacidad, patrimonio, denominación o razón social, domicilio y nacionalidad, y según el tipo de entidad moral que integren tienen adicionalmente requisitos que establece la ley de la materia.

La capacidad jurídica. Es la aptitud de ser titular de derechos y obligaciones en materia mercantil, la cual está limitada, condicionada por el fin de la sociedad, esto significa que se encuentra limitada y solo puede tener derechos y obligaciones que tengan relación con su objeto social y fines propios de dicha persona jurídica.

Patrimonio.- Nos remitimos al inciso c) del artículo precedente 2.1.

Denominación o razón social.- Más adelante se señala en que consiste

Domicilio.- El domicilio es el lugar donde habitualmente tiene o ejerce su actividad mercantil, insistimos, sobre la persona Moral Sociedades Mercantiles. Y para ello tiene la obligación conforme a la Ley General de Sociedades Mercantiles tener un domicilio para el cumplimiento de las obligaciones fiscales y las demás actividades contenidas en el objeto social; generalmente, es el principal asiento de los negocios de la empresa.

Nacionalidad.- las Sociedades Mercantiles, tienen una nacionalidad conforme a sus Estatutos Sociales y a la Ley General de Sociedades Mercantiles; sin embargo, el domicilio puede ser objeto de cambio, el cual debe realizarse a través de la aprobación en Asamblea General, que es el órgano supremo de las mismas.

2.1. Constitución de la persona moral

Los Notarios Públicos y Corredores Públicos son los particulares dotados de Fe Pública y autorizados por la Autoridad: Los primeros por el Gobernador del Estado al que pertenecen, y, los Corredores Públicos por el Gobierno Federal a través de la Secretaría de Economía. Ambos, tienen facultad para dar validez a las Actas constitutivas de las Sociedades Mercantiles, conforme a las leyes correspondientes.

También existen las sociedades mercantiles unipersonales que se llaman SAS (Sociedades de acciones simplificada) y en su constitución no hay necesidad de que se comparezca ante Fedatario Público pues se accesa a la plataforma de la Secretaría de Economía y cumpliendo con los requisitos del portal, se puede constituir legalmente.

2.2. Razón o Denominación Social

Se ha dicho que el nombre está dentro del grupo de derechos subjetivos con el objeto de impedir que otro lo use, (aunque tratándose de personas físicas podemos advertir que hay muchos homónimos) sin embargo las demás atribuciones son la diferencia.

En cuanto a las personas morales, es indudable que el solo hecho que exista una autorización por parte del Gobierno Federal para utilizar la razón o denominación social, esto implica que se le está otorgando una facultad exclusiva para usarlo, pues para que esto ocurra, previamente la Autoridad ya verificó en su base de datos que dicha razón o denominación social no está utilizada por otra persona moral. Cosa distinta es la marca, pero es un tema que no incorporamos por la característica de este trabajo, sin embargo, es importante reseñar que la marca sea ésta nominativa, innominada o mixta, muchas veces va asociada con la razón o denominación social y esta autorización es otorgada por el Instituto Mexicano de la Propiedad Industrial.

La denominación o razón social de las Sociedades Mercantiles (persona moral) a través de la autorización que de su razón o denominación social realice la Secretaría de Economía, conforme a lo que establece el artículo 15 de la Ley de Inversión extranjera que a la letra dice: "La Secretaría de Economía autorizará el uso de las denominaciones o razones sociales con las que pretendan constituirse las sociedades. Se deberá insertar en los estatutos de las sociedades que se constituyan, la cláusula de exclusión de extranjeros o el convenio previsto en la fracción I del artículo 27 Constitucional. Antes del 16 de junio de 2012, era autorizada por la Secretaría de Relaciones Exteriores, de allí que por ese motivo dicha autorización se encuentra contenida en la Ley de Inversión Extranjera.

Actualmente las autorizaciones del nombre o denominación social de una persona moral, se realiza con la digitalización en la plataforma (página web) de la Secretaría de Economía conocida como MUA Módulo Único de Autorizaciones. La Autoridad somete a dictamen el cual puede ser aprobado o rechazado.

Una vez obtenida la autorización del nombre o denominación social se estará en posibilidad de constituir la Sociedad Mercantil ante Fedatario Público. Hecho lo anterior, el Fedatario (Notario Público o Corredor Público) tiene la obligación de dar aviso en la misma página web de la Secretaría de Economía, que dicha Razón o Denominación Social ha sido utilizada.

2.3. Accionistas

Son las personas físicas o morales que integran la Sociedad Mercantil y debe constar su nombre, domicilio y nacionalidad, así como otros datos que aunque la Ley General de Sociedades Mercantiles no los establece, es menester cumplir con los requisitos que señala la Ley del Notariado del Estado correspondiente si se realiza por un Notario Público y conforme a la Ley Federal de Correduría Pública y su reglamento si lo realiza un Corredor Público, tal es el caso de la identificación del accionista, si tiene capacidad legal, estado civil, ocupación, de donde es originario, su edad, su Registro Federal de Causantes, la clave única del registro de población y desde luego cumplir con lo que para tal efecto establece la Ley Federal para la prevención e identificación de operaciones con recursos de procedencia ilícita. Los accionistas o socios deben establecer el monto de su parte social o número de acciones que van a suscribir, según sea el caso, facultades y derechos de voto y los demás requisitos que contempla el artículo 91 de la Ley General de Sociedades Mercantiles.

2.4. Capital Social

El capital social consiste en la aportación que realiza cada uno de los socios o accionistas, el cual se puede dividir en capital fijo y capital variable. El capital fijo es aquel que conforme a la ley y al Acta constitutiva no puede modificarse y si disminuye éste, es obligación de realizar una Asamblea General Extraordinaria para autorizar tal disminución o en su caso, la liquidación anticipada de la Sociedad; en cambio, el capital variable puede modificarse conforme a las decisiones de los accionistas.- La Asamblea General constitutiva además debe cumplir con lo que establece el artículo 100 de la Ley General de Sociedades Mercantiles y entre otras cosas examinar y en su caso aprobar el avalúo de los bienes que se entregaron como aportación a la Sociedad. Tratándose de sociedades mercantiles se debe establecer las acciones en que se divide el capital social las cuales deben estar representadas por títulos nominativos que servirán para acreditar y transmitir la calidad y los derechos del socio.

2.5. Objeto

El objeto de la sociedad es aquel que la Sociedad mercantil va a explotar y es libre de establecer, sin limitación alguna, siempre y cuando sea física y jurídicamente posible. Pueden realizar cualquier acto de comercio contenido en el artículo 75 del Código de Comercio, los cuales a continuación se enumeran: "Artículo 75.- La ley reputa actos de comercio: I.- Todas las adquisiciones, enajenaciones y alquileres verificados con propósito de especulación comercial, de mantenimientos, artículos, muebles o mercaderías, sea en estado natural, sea después de trabajados o labrados;

II.-Las compras y ventas de bienes inmuebles, cuando se hagan con dicho propósito de especulación comercial; III.- Las compras y ventas de porciones, acciones y obligaciones de las sociedades mercantiles; IV.- Los contratos relativos y obligaciones del Estado ú otros títulos de crédito corrientes en el comercio; V.- Las empresas de abastecimientos y suministros; VI.- Las empresas de construcciones, y trabajos públicos y privados; VII.- Las empresas de fábricas y manufacturas; VIII.- Las empresas de trasportes de personas o cosas, por tierra o por agua; y las empresas de turismo. IX.- Las librerías, y las empresas editoriales y tipográficas; X. Las empresas de comisiones, de agencias, de oficinas de negocios comerciales, casas de empeño y establecimientos de ventas en pública almoneda; XI.- Las empresas de espectáculos públicos; XII.- Las operaciones de comisión mercantil; XIII.- Las operaciones de mediación de negocios mercantiles; XIV. -Las operaciones de bancos;

XV.- Todos los contratos relativos al comercio marítimo y a la navegación interior y exterior; XVI.- Los contratos de seguros de toda especie; XVII.- Los depósitos por causa de comercio; XVIII.- Los depósitos en los almacenes generales y todas las operaciones hechas sobre los certificados de depósito y bonos de prenda librados por los mismos;

XIX.- Los cheques, letras de cambio o remesas de dinero de una plaza a otra, entre toda clase de personas; XX.- Los vales ú otros títulos a la orden o al portador, y las obligaciones de los comerciantes, a no ser que se pruebe que se derivan de una causa extraña al comercio; XXI.- Las obligaciones entre comerciantes y banqueros, si no son de naturaleza esencialmente civil; XXII.- Los contratos y obligaciones de los empleados de los comerciantes en lo que concierne al comercio del negociante que los tiene a su servicio; XXIII.- La enajenación que el propietario o el cultivador hagan de los productos de su finca o de su cultivo; XXIV. Las operaciones contenidas en la Ley General de Títulos y Operaciones de Crédito; XXV.- Cualesquiera otros actos de naturaleza análoga a los expresados en este código. En caso de duda, la naturaleza comercial del acto será fijada por arbitrio judicial.

2.6. Duración

La ley de Sociedades Mercantiles establece que debe asentarse la duración de la Sociedad, la cual los socios o accionistas la determinan en el acta constitutiva y puede ser por tiempo indefinido. Como dato curioso, anteriormente todas las Sociedades mercantiles generalmente tenían una duración de 99 años, sin embargo, la ley no establece tal plazo y los accionistas tienen libertad de establecerlo conforme a sus intereses. También en Asamblea General Extraordinaria los socios o accionistas pueden modificar el acta constitutiva y establecer la duración de la sociedad, no hay restricción o limitación alguna por la ley.

2.7. *Órgano de Administración*

La Administración de la Sociedad puede estar a cargo de un Administrador Único o de un Consejo de Administración, quienes tendrán las facultades que la propia Acta constitutiva establezca. Generalmente el Órgano de Administración se encuentra facultado para realizar todo tipo de acto jurídico que lleve a cumplir el objeto de la Sociedad Mercantil, lo que esto implica facultades de Poder contenidos en el correspondiente Código Civil, según sea el caso, en materia federal se encuentran contenidas las facultades en el artículo 2554.

No obstante lo señalado anteriormente, para que el Fedatario Público pueda constituir legalmente una Sociedad Anónima debe ajustarse a lo que para tal efecto establece el artículo 6° de la Ley General de Sociedades Mercantiles que a la letra dice:

> " Artículo 6o. La escritura o póliza constitutiva de una sociedad deberá contener:
>
> I.- Los nombres, nacionalidad y domicilio de las personas físicas o morales que constituyan la sociedad;
>
> II.- El objeto de la sociedad;
>
> III.- Su razón social o denominación;
>
> IV.- Su duración, misma que podrá ser indefinida;
>
> V.- El importe del capital social;
>
> VI.- La expresión de lo que cada socio aporte en dinero o en otros bienes; el valor atribuido a éstos y el criterio seguido para su valorización. Cuando el capital sea variable, así se expresará indicándose el mínimo que se fije;

VII.- El domicilio de la sociedad;

VIII.- La manera conforme a la cual haya de administrarse la sociedad y las facultades de los administradores;

IX.- El nombramiento de los administradores y la designación de los que han de llevar la firma social;

X.- La manera de hacer la distribución de las utilidades y pérdidas entre los miembros de la sociedad;

XI.- El importe del fondo de reserva;

XII.- Los casos en que la sociedad haya de disolverse anticipadamente, y,

XIII.- Las bases para practicar la liquidación de la sociedad y el modo de proceder a la elección de los liquidadores, cuando no hayan sido designados anticipadamente. Todos los requisitos a que se refiere este artículo y las demás reglas que se establezcan en la escritura sobre organización y funcionamiento de la sociedad constituirán los estatutos de la misma".

Una vez que se ha llevado a cabo la Escritura Constitutiva o Póliza por el Fedatario Público, debe inscribirse ante el Registro Público de Comercio, para que surta efectos frente a terceros, esto es, que jurídicamente les repercuta a quienes no han sido partes ni representados en dicho acto jurídico.

Actualmente a través de la plataforma (página web) del Sistema integral de gestión registral (SIGER) de la Secretaría de Economía, tanto los Notarios Públicos como los Corredores Públicos de las 32 entidades federativas, tienen la obligación de registrar la Constitución de las personas jurídicas en dicha plataforma, así como dar aviso a la Unidad de Inteligencia financiera respecto de la constitución de dicha persona jurídica.

Igual obligación tienen los Fedatarios Públicos, entre otras cosas: a).- Proteger los datos personales de los particulares, conforme a la Ley de Protección de datos personales; b).- Dar aviso de que el nombre o denominación social ya fue utilizada; c).- Dar aviso a la Unidad de Inteligencia financiera del Servicio de Administración Tributaria de la Constitución de la Sociedad Mercantil, para los efectos de la Ley Federal para la Prevención e identificación de operaciones con recursos de procedencia ilícita.

Capitulo III.

El daño, el perjuicio, el daño emergente, el lucro cesante, daño emergente

1. DAÑO

Que es el daño?.

Se considera daño al detrimento, perjuicio, menoscabo, dolor o molestia causado a otro en su patrimonio o en su persona.

Para Argentina existen cuatro funciones en cuanto al daño: prevención, precaución, reparación y sanción; En Ecuador se establece que el daño puede ser patrimonial o moral, dependiendo de las circunstancias que lo causen, lo cual da origen a indemnización que de acuerdo con el desarrollo jurisprudencia de este país tiene varios efectos; En España, se distinguen los daños entre daños patrimoniales y daños morales, con importantes consecuencias legales: El daño patrimonial provoca una disminución de utilidad que es compensable con dinero o con bienes intercambiables por dinero; en cambio el daño moral, implica una reducción del nivel de utilidad, personal e íntima que ni el dinero, ni bienes intercambiables por este, pueden llegar a reparar. Por ejemplo, la pérdida de un ser querido y el dinero solo puede servir como un sistema compensatorio.

En México, conforme lo dispone el artículo 2108 del Código Civil Federal, que el daño es la pérdida o menoscabo sufrido en el patrimonio por falta de cumplimiento de una obligación.

Al establecer la pérdida en el patrimonio, se infiere que este menoscabo es en la disminución del valor económico de los bienes de la persona o ente que lo sufrió, sin embargo, doctrinalmente el patrimonio se ha definido como un conjunto de obligaciones y derechos susceptibles de una valorización pecuniaria que constituyen una universalidad de derecho[15] Esto es, si existe un derecho que ha sido afectado por terceros a una persona, y si este derecho afectado forma parte de una universalidad de la persona ha sido violentado, éste debe ser resarcido o indemnizado según sea el caso. Luego entonces, el daño aparece como elemento que debe analizarse en primer término, pues es el que genera la obligación de indemnizar ya que sin daño no puede existir una reparación o resarcimiento.

Tanto la doctrina como la Ley, han distinguido dos daños, el daño patrimonial y el daño extrapatrimonial o daño moral y aunque se trata de conceptos amplios, en el daño patrimonial es más objetivo establecer el monto de la indemnización, pues se trata de variables cuantitativas y basta con justificar con probanzas adecuadas para que pueda determinarse; sin embargo, cuando se trata de elementos cualitativos existe más subjetividad en ellos, ya que es menester realizar estudios matemáticos específicos para convertirlos en elementos o variables cuantitativos y es allí donde surge la complejidad para que el órgano jurisdiccional pueda aprobarlos, trátese de una indemnización, resarcimiento o reparación integral.

En efecto, tratándose de elementos cualitativos como lo son las afectaciones que el artículo 1916 del Código Civil Federal establece, son elementos subjetivos y en primer término, es necesario establecer la calidad o cualidad de los que se invoquen y una vez que se han identificados, establecer su prioridad, esto es, plenamente identificados

---

15 Rojina Villegas,Rafael. Compendio de derecho Civil. Bienes, derechos reales y Sucesiones. Ed. Porrúa. Pag. 7

Las formas de reparación del daño tanto patrimonial como la determinación de un quantum indemnizatorio en daño extrapatrimonial, se queda al arbitrio del juez, tomando en cuenta los diversos medios de prueba y las características específicas del asunto que juzga. En el capitulo V abundamos sobre el tema.

En otro contexto y derivado también de la violaciones a los derechos humanos que generan afectaciones en las personas, la Ley General de víctimas establece en su artículo 5°. que los mecanismos, medidas y procedimientos establecidos en dicha ley, serán diseñados, implementados y evaluados aplicando los principios siguientes: DAÑO.- Muerte o lesiones corporales, daños o perjuicios morales y materiales, salvo a los bienes de propiedad de la persona responsable de los daños; pérdidas de ingresos directamente derivadas de un interés económico; pérdidas de ingresos directamente derivadas del uso del medio ambiente incurridas como resultado de un deterioro significativo del medio ambiente, teniendo en cuenta los ahorros y los costos; costo de las medidas de restablecimiento, limitado al costo de las medidas efectivamente adoptadas o que vayan a adoptarse; y costo de las medidas preventivas, incluidas cualesquiera pérdidas o daños causados por esas medidas, en la medida en que los daños deriven o resulten"

Luego entonces, el elemento sine qua non para establecer si es patrimonial o extrapatrimonial la afectación, es justamente determinar el daño, y en consecuencia, la obligación de indemnizar, ya que sin daño no puede haber reparación, indemnización o resarcimiento.

Por otro lado, con el objeto de establecer la obligación de reparar el daño ya sea patrimonial, ya extrapatrimonial, podemos señalar que la ley establece que la responsabilidad civil consiste en establecer quien ha provocado un daño a un tercero tiene la obligación de repararlo.- Existen dos tipos de responsabilidad civil: La objetiva y la Subjetiva.

La responsabilidad civil objetiva es aquella que sin ser causante del daño es responsable del mismo. Ejemplo. Los que ejerzan la patria potestad tienen obligación de responder de los daños y perjuicios causados por los actos de los menores que estén bajo su poder y que habiten con ellos; el dueño de un animal es responsable de los perjuicios que éste cause, aunque se le escape o extravíe; El propietario de los daños causados por una explosión de máquinas que no hubiesen sido cuidadas adecuadamente y por la inflamación de sustancias explosivas que no estuviesen colocados en lugar seguro y apropiado.

La responsabilidad civil subjetiva en cambio, existe en la que la persona que directamente ha ocasionado el daño es la culpable de reparar el mismo, debido a negligencia o dolo; y lo relevante es que el Juez analiza si existe culpabilidad o negligencia de quien causa el daño por acción u omisión causando perjuicio a tercera persona y en consecuencia, como ya se dijo, repararlo, ejemplo común en los accidentes viales cuando la persona maneja sin precaución su vehículo y causa daño a otro, tiene la obligación de repararlo.

Al efecto, nuestro más alto tribunal establece con meridiana claridad esta diferencia, en la siguiente tesis:

Tesis

Registro digital: 169428

Instancia: Pleno

Novena Época

Materia(s): Constitucional

Tesis: P./J. 43/2008

Fuente: Semanario Judicial de la Federación y su Gaceta. Tomo XXVII, Junio de 2008, página 719

Tipo: Jurisprudencia

RESPONSABILIDAD PATRIMONIAL DEL ESTADO. DIFERENCIA ENTRE RESPONSABILIDAD OBJETIVA Y SUBJETIVA.

La adición al artículo 113 de la Constitución Política de los Estados Unidos Mexicanos, publicada en el Diario Oficial de la Federación el 14 de junio de 2002, tuvo por objeto establecer la responsabilidad patrimonial del Estado por los daños causados en los bienes y derechos de los ciudadanos, otorgándole las características de directa y objetiva. La diferencia entre la responsabilidad objetiva y la subjetiva radica en que mientras ésta implica negligencia, dolo o intencionalidad en la realización del daño, aquélla se apoya en la teoría del riesgo, donde hay ausencia de intencionalidad dolosa. Por otra parte, del contenido del proceso legislativo que dio origen a la adición indicada, se advierte que en un primer momento el Constituyente consideró la posibilidad de implantar un sistema de responsabilidad patrimonial objetiva amplia, que implicaba que bastaba la existencia de cualquier daño en los bienes o en los derechos de los particulares, para que procediera la indemnización correspondiente, pero posteriormente decidió restringir esa primera amplitud a fin de centrar la calidad objetiva de la responsabilidad patrimonial del Estado a los actos realizados de manera irregular, debiendo entender que la misma está desvinculada sustancialmente de la negligencia, dolo o intencionalidad, propios de la responsabilidad subjetiva e indirecta, regulada por las disposiciones del derecho civil. Así, cuando el artículo 113 constitucional alude a que la responsabilidad patrimonial objetiva del Estado surge si éste causa un daño al particular "con motivo de su actividad administrativa irregular", abandona toda intención de contemplar los daños causados por la actividad regular del Estado, así como cualquier elemento vinculado con el dolo en la actuación del servidor público, a fin de centrarse en los actos propios de la administración que son realizados de manera anormal o ilegal, es decir, sin atender a las condiciones normativas o a los parámetros creados por la propia administración. Acción de inconstitucionalidad 4/2004. Diputados integrantes de la Tercera Legislatura de la Asamblea Legislativa del Distrito Federal. 7 de febrero de 2008. Unanimidad de diez votos. Ausente y Ponente: Sergio Salvador Aguirre Anguiano; en su ausencia hizo suyo el asunto Mariano Azuela Güitrón. Secretario: Eduardo Delgado Durán.

> El Tribunal Pleno, el doce de mayo en curso, aprobó, con el número 43/2008, la tesis jurisprudencial que antecede. México, Distrito Federal, a doce de mayo de dos mil ocho.

1.1. Daño patrimonial

El daño patrimonial causado a una persona trae como consecuencia la disminución o menoscabo del patrimonio del particular en sus bienes, derechos o persona. Es el elemento esencial de la responsabilidad patrimonial, ya que sin daño o perjuicio no existiría algo para reparar.

Por ello, el patrimonio, como ya dijimos lo constituye la universalidad de bienes que forman parte de una persona, esta universalidad contiene derechos y obligaciones las cuales producen consecuencias de derecho.

Existe una clasificación de bienes que regula la propia Ley Adjetiva Civil, los cuales en términos generales son bienes muebles y bienes inmuebles cuyas características hemos enunciado en entrega anterior[16] . y justamente dentro de ese universo de bienes se puede determinar cuantitativamente la afectación que sufrió la persona cuando se ha producido un hecho o un acto ilícito y en consecuencia la obligación del afectante en indemnizar, reparar o resarcir al afectado, si se trata de una persona física, en su universalidad patrimonial personal y si se trata de una persona jurídica (en el caso, Sociedad Mercantil) en todos los bienes y derechos que constituye el acervo mercantil de dicho ente jurídico.

Así las cosas, una persona física o jurídica al sufrir una afectación en su *patrimonio,* surge el derecho de reclamar una responsabilidad civil u objetiva de la persona o Institución que se los generó y esto es independiente de la afectación moral. Por

---

[16] Perales Bautista, Alejandra. Editorial Trillas, edición 2022,pagina 39

otro lado, si la afectación, detrimento o daño se realizó en su *persona*, también surge el derecho de reclamar, a saber: el daño moral, lo que comentaremos en el siguiente capítulo

1.2. Daño moral

Señala Blanca Casado Andrés, en su obra "El Concepto del Daño Moral. Estudios Doctrinales" que existen dificultades de conceptualización del daño moral, pues es necesario remontarse al concepto general de daño en sentido jurídico, pues el daño constituye el eje del sistema de responsabilidad civil ya que debe surgir para que existe la obligación de indemnizar.

Y al efecto refiere que el concepto de el "daño moral"[17] no tiene un significado concreto y particular puesto que se integra de un conjunto muy heterogéneo de supuestos o hipótesis de daños, que además tiene la característica de irse renovando constantemente tanto a nivel jurisprudencial como dogmático, remitiéndose a Barrientos Zamorano M. en su obra "El resarcimiento al daño patrimonial. 2008, pág. 87.

Las formas de reparación del daño como la determinación del quantum indemnizatorio, siguen estando sujetas entre otros factores, a la interpretación del juzgador[18]

---

17 Blanca Casado Andres.UNED. Revista de Derecho. UNED, num. 18, 2016, pág. 402

18 Rodriguez Marin, C. Introducción al Derecho de Daños (II) en manual de valoración del daño corporal. Guía de aplicación del sistema de baremación para accidentes de circulación, coord.. LOPEZ Y GARCIA DE LA SERRANA, J., Thomson.Aranzadi, Navarra, 2007, págs. 67 y 68 Señala la autora que la reparación está en función de la naturaleza del daño especifico o pecuniario y el quantum indemnizatorio se establecerá en función de lo solicitado y de la libre apreciación del Juez. Blanca Casado Andres.UNED. Revista de Derecho. UNED, num. 18, 2016, pág. 403

En México, si existen ambos conceptos, el primero de ellos, que se refiere al Daño en general lo regula el Código Civil Federal en el Titulo relacionado con el incumplimiento de las obligaciones y en su capítulo I, establece el artículo 2108 que se entiende por *daño la pérdida o menoscabo sufrido en el patrimonio por la falta de cumplimiento de una obligación* y que "el que obrando ilícitamente o contra las buenas costumbres cause daño a otro, está obligado a repararlo..." esto es, si hay un daño, debe haber una reparación, ya sea resarcimiento, reparación o indemnización; Si se trata de daño moral, el artículo 1916 del mismo cuerpo de leyes señala con meridiana claridad que "por daño moral se entiende la afectación que una persona sufre en sus sentimientos, afectos, creencias, decoro, honor, reputación, vida privada, configuración y aspectos físicos, o bien en la consideración que de sí misma tienen los demás; esto es, ha sentado precedentes de lo que se pudiera considerar como sentimientos, afectos, creencias...", esto sin embargo, lo realiza de manera enunciativa, mas no limitativa y en ese sentido nuestro máximo Tribunal ha sentado precedentes en diversos aspectos: en principio para considerar si existe una responsabilidad civil del demandado, o si existe un delito que requiera una reparación integral del daño; en segundo orden, que esa responsabilidad o reparación de daño sea debidamente cubierta, ya sea a través de una indemnización, un resarcimiento o una reparación, según lo permita el caso concreto y tratándose de las afectaciones que una persona sufre como los enunciados en el mencionado 1916, debe establecerse un quantum indemnizatorio a través de una prueba que determine dicho quantum.

Señalan algunos autores que la interpretación judicial del concepto abarca desde la idea del "impacto o sufrimiento físico o espiritual que en algunas personas pueden producir ciertas conductas, actividades e incluso resultados, hasta las diversas situaciones en las que tiene cabida la indemnización por este tipo de perjuicios: impotencia, zozobra, ansiedad, angustia, trastorno de ansiedad, impacto emocional, etc. Sensación anímica de inquietud pesadumbre, temor o presagio de incertidumbre Dicha estimación es importante, sin embargo, consideramos que de la propia lectura del referido artículo 1916, en la interpretación judicial se incluye, no tan solo la idea del impacto o sufrimiento físico o espiritual, sino que, a través de diversos mecanismos, como lo son las pruebas periciales, se pueden establecer cualquiera de las afectaciones allí mencionadas, pues como hemos dejado asentado, dichas afectaciones son establecidas de una manera enunciativa, más no limitativa, lo que significa que el temor, el dolor, la angustia, la paz y tranquilidad (que incluye la impotencia, la zozobra y la ansiedad), por mencionar algunos, si se pueden considerar como afectaciones en el momento de establecer la determinación de las afectaciones (variables) para realizar el quantum indemnizatorio y es el órgano jurisdiccional quien determinará el valor de dichas probanzas.

A mayor abundamiento, algunos de los tratados internacionales, que más adelante se mencionan, establecen que es obligación de los Estados miembros, preocuparse y ocuparse de que la reparación del daño ocasionado sea cubierto.

En consecuencia, el daño moral se debe indemnizar, sobre todo cuando se violentan los derechos humanos tal como lo prevé nuestra carta magna en su primer artículo el cual establece la misma jerarquía a los Tratados Internacionales con los que México sea parte y en ese sentido nuestro país forma parte de una serie de convenios y tratados de Latinoamérica, siendo de especial relevancia el Pacto de San José; Éste se estableció en la Convención Americana sobre derechos humanos suscrita en la Conferencia especializada Interamericana sobre derechos Humanos en San José Costa Rica, en el año de 1969. El primero de sus artículos señala textualmente que "*Los Estados Partes en esta Convención (de la cual México suscribió) se comprometen a respetar los derechos y libertados reconocidos en ella y a garantizar su libre y pleno ejercicio a toda persona que esté sujeta a su jurisdicción, sin discriminación alguna por motivos de raza, color, sexo, idioma, religión, opiniones políticas o de cualquier índole origen nacional o social, posición económica, nacimiento o cualquier condición social" Artículo 3o.- La mujer y el hombre son iguales ante la ley. Ésta protegerá la organización y el desarrollo de la familia.* Por otro lado, el artículo 5 establece en su primera fracción que toda persona tiene derecho a que se respete su integridad física, psíquica y moral.

Actualmente, la ley establece con meridiana claridad a quienes se consideran personas morales, las cuales se encuentran reguladas en distintos ordenamientos jurídicos, tanto civiles, como mercantiles o de carácter administrativo y es justamente aquí donde entramos a un punto de reflexión. Existe el daño moral por violación a los derechos humanos de una persona moral? ¿Si no son personas físicas, se puede valorar algunos factores que regula el Código Civil Federal como el honor, la reputación y la dignidad?

Por todo ello, analizaremos cada rubro y determinar si se puede o no afectar los mismos a las personas morales y en caso afirmativo, como se puede valorar el daño moral y cuáles serían los métodos valuatorios aplicables.

1.3. Daño Emergente

Que es el daño emergente? Es el empobrecimiento del patrimonio del acreedor/víctima/ofendido, esto es, son pérdidas que sufren como consecuencia de la inejecución de la obligación o de su cumplimiento parcial tardío o defectuoso.

Jorge Sergio Arriaga Martínez, en su obra "Clasificación del daño, la reparación integral y su alcance en el proyecto de vida" .[19], señala que el daño emergente es el perjuicio efectivo

---

19 chrome-extension://efaidnbmnnnibpcajpcglclefindmkaj/https://archivos.diputados.gob.mx/Transparencia/articulo70/XLI/cedip/B/CEDIP-70-XLI-B-clasidano-6-2018.pdf

sufrido en el patrimonio de la víctima que ha perdido un bien o un derecho que ya estaban incorporados a ese patrimonio". Un ejemplo de ello podría ser que una persona sufre un accidente donde le impactaron su vehículo el cual era un taxi que prestaba servicio al público y debido a ello, independientemente del daño patrimonial que le ocasionaron, y el perjuicio por las ganancias que deja de percibir por el servicio de taxi, existe un daño emergente en este caso, el cual incluye si tuvo lesiones debe atenderlas generando gastos médicos y los demás costos generales que en forma inmediata debe sufragar debido al accidente.

Es una pérdida real y efectiva, el daño emergente es la disminución de los valores patrimoniales que el perjudicado tenía en su haber. Incluye los daños directos e inmediatos que experimenta el patrimonio de la víctima como consecuencia del suceso dañino.

Al respecto la tesis 2018207, señala lo siguiente

Tesis

Registro digital: 2018207

Instancia: Tribunales Colegiados de Circuito

Décima Época

Materia(s): Administrativa

Tesis: I.4o.A.136 A (10a.)

Fuente: Gaceta del Semanario Judicial de la Federación. Libro 59, Octubre de 2018, Tomo III, página 2484

Tipo: Aislada

RESPONSABILIDAD PATRIMONIAL DEL ESTADO. PARA CUANTIFICAR EL MONTO DE LA INDEMNIZACIÓN RELATIVA POR DAÑO MATERIAL, DEBEN TOMARSE EN CONSIDERACIÓN EL LUCRO CESANTE Y EL DAÑO EMERGENTE.

La Corte Interamericana de Derechos Humanos estableció que la reparación integral del daño implica el restablecimiento de la situación anterior y la eliminación de los efectos que la violación produjo, así como una indemnización por los daños causados. En este sentido, señaló que "el daño material" supone la pérdida o detrimento de los ingresos de la víctima, los gastos efectuados con motivo de los hechos y las consecuencias de carácter pecuniario que tengan un nexo causal con los hechos consecuentes, el cual comprende, por un lado, el lucro cesante, que se refiere a la pérdida de ingresos de la víctima directa o indirecta y, por otro, el daño emergente, que enmarca los pagos y gastos en los que han incurrido la víctima o sus familiares. Por tanto, para cuantificar el monto de la indemnización por daño material derivada de la responsabilidad patrimonial del Estado, que corresponde por ejemplo, a una persona a quien se le amputó una extremidad como consecuencia de la actividad administrativa irregular del Estado, deben tomarse en consideración el lucro cesante y el daño emergente.

CUARTO TRIBUNAL COLEGIADO EN MATERIA ADMINISTRATIVA DEL PRIMER CIRCUITO.Amparo directo 418/2017. Inés Georgina Lledias Velasco y otra. 28 de junio de 2018. Unanimidad de votos. Ponente: Jean Claude Tron Petit. Secretaria: Aideé Pineda Núñez.Esta tesis se publicó el viernes 19 de octubre de 2018 a las 10:29 horas en el Semanario Judicial de la Federación.

2. PERJUICIO

El perjuicio según el diccionario de la real academia española es un detrimento patrimonial que debe ser indemnizado por quien lo causa.

Se reputa perjuicio la privación de cualquiera ganancia lícita que debiera haberse obtenido en el cumplimiento de la obligación. Así lo establece el artículo 2109 del Código Civil Federal.

Al respecto podemos señalar que el perjuicio generalmente va "de la mano" en las reclamaciones jurisdiccionales, esto, porque al haber un daño hay obligación de repararlo y con motivo de ese daño, el afectado dejo de recibir ganancias lícitas.

En el ámbito del derecho se trata de una ganancia lícita que se deja de percibir o bien el deterioro de un bien o el detrimento de una reputación que se debe a la acción u omisión (por dolo o culpa) de otra persona.

Existen tesis aisladas de la Suprema Corte de Justicia de la Nación que contemplan el perjuicio como parte del daño moral estableciéndose en la justificación [20]" lo siguiente: "Justificación: El segundo párrafo del artículo 7.156 del Código Civil del Estado de México establece que, de conformidad con lo establecido por dicho ordenamiento, se consideran como hechos ilícitos: i) comunicar a una o más personas, la imputación que se hace a otra de un hecho cierto o falso, determinado o indeterminado, que cause o pueda causarle deshonra, descrédito o perjuicio, o exponerla al desprecio de alguien; ii) ejecutar una acción o proferir una expresión que, por su naturaleza, ocasión o circunstancia, pueda perjudicar la reputación del agraviado, fuera de una contienda de obra o palabra y con ánimo de ofender; y iii) imputar a otro falsamente un delito, ya sea porque el hecho es falso o inocente la persona a quien se imputa. Ahora bien, el artículo 7.154 del Código Civil del Estado de México define el daño moral como la afectación que una persona sufre en su honor, crédito y prestigio, vida privada y familiar, al respeto a la reproducción de su imagen y voz, en su nombre o seudónimo o identidad personal, su presencia estética, y los afectivos derivados de la familia, la amistad y los bienes. En ese mismo sentido, la doctrina divide el daño moral en la afectación a "la parte social o moral", que comprende el honor, la reputación, la consideración que de sí misma tienen

---

20 Registro de tesis aislada 2023559, Primera Sala Civil. XXXIX/2021, Gaceta del Semanario Judicial de la Federación, libro 5, septiembre 2021.

los demás y en la "parte afectiva", que toca a la persona en sus sentimientos y sufrimientos. Por tanto, interpretar en sentido taxativo el artículo 7.156, segundo párrafo, del Código Civil en cita implicaría sesgar el concepto mismo de daño moral, al excluir, injustificadamente, toda reclamación que se sustente en un menoscabo a la parte afectiva de una persona y cualquier otro que, fuera de los tres supuestos previstos en esa porción normativa, configuren hechos ilícitos que incidan en la parte social o moral de una persona. Además, no hay nada en la frase "se consideran" contenida en el texto de esa porción normativa que, semánticamente, permita concluir que se usa en sentido taxativo. Por el contrario, su interpretación sistemática con los artículos 7.145, 7.154 y 7.155 del Código Civil mencionado permite concluir que tienen un sentido meramente enunciativo.

3 LUCRO CESANTE

El lucro cesante también puede considerarse como perjuicio y se trata también de un daño patrimonial que consiste en la ganancia que se ha dejado de obtener como consecuencia de un acto ilegal, el incumplimiento de un contrato o un daño ocasionado por un tercero; en otras palabras, es la cantidad que dejó de ingresar al patrimonio del acreedor/victima/ofendido por el daño que se ha producido. Casi siempre es lo que se dejo de percibir y el interesado puede tener dificultad para justificarlo en forma indubitable pues es una apreciación subjetiva (aquí resalta la importancia del avalúo por daño moral) ya que debe demostrarse que en efecto esa ganancia se habría obtenido y debe otorgarse la indemnización.

El juzgador debe analizar la cuantificación que se realice por lucro cesante, esto porque si bien, previamente existió un daño patrimonial o moral, también debe considerarse si ese lucro cesante es un nexo causal directo del daño.

El Diccionario Panhispánico del Español Jurídico señala que el lucro cesante consiste en *una ganancia o provecho que deja de reportarse a consecuencia de no haberse cumplido la obligación, o cumplido imperfectamente, o retardado su cumplimiento.*

Sin embargo, aun cuando exista lucro cesante, el Juez de la causa debe en primera instancia analizar previamente diversos factores para determinar si existe daño.

Al efecto insertamos la siguiente tesis aislada:

Tesis

Registro digital: 160698

Instancia: Tribunales Colegiados de Circuito

Décima Época

Materia(s): Civil

Tesis: I.3o.C.995 C (9a.)

Fuente: Semanario Judicial de la Federación y su Gaceta. Libro II, Noviembre de 2011, Tomo 1, página 619

Tipo: Aislada

DAÑO MORAL. SU CUANTIFICACIÓN NO DEBE LIMITARSE AL CÁLCULO DEL PERJUICIO, IDENTIFICADO COMO LUCRO CESANTE.

El daño moral es la afectación que una persona sufre en sus sentimientos, afectos, creencias, decoro, honor, reputación, vida privada, configuración y aspecto físico o bien la consideración que de sí misma tienen los demás, según prevé el artículo 1916 del Código Civil para el Distrito Federal. Ahora, para calcular dicho concepto deben considerarse varios factores: 1) los derechos lesionados; 2) el grado de responsabilidad; 3) la situación económica del responsable y de la víctima; y, 4) las demás circunstancias del caso. Luego, si los familiares de quien perdió la vida demandan la reparación del daño moral al responsable del deceso, el tribunal debe atender a la afectación sufrida por aquéllos, no a la cantidad de dinero que dejaron de percibir a raíz de la muerte de uno de sus integrantes.

Esto, porque de proceder así, el juzgador estaría cuantificando el perjuicio, identificado como lucro cesante; es decir, la privación de la ganancia lícita que pudo haberse obtenido con el cumplimiento de la obligación. Además, llevaría a concluir que si la víctima no era económicamente activa, entonces, no habría daño moral que calcular. En ese tenor, la cuantificación del daño moral no puede limitarse a multiplicar el ingreso del difunto por su expectativa de vida. En todo caso, la fijación del salario de la víctima, si ésta percibía alguno, forma parte del tercer aspecto del cálculo, es decir, la situación económica. Lo anterior, conduce a concluir que el daño moral debe distinguirse del perjuicio y que el primero no busca garantizar el nivel de vida de los familiares de la víctima, sino reparar los derechos afectados a partir de su deceso, aunque sí es materia de ponderación para determinar su cuantía.

TERCER TRIBUNAL COLEGIADO EN MATERIA CIVIL DEL PRIMER CIRCUITO.

Amparo directo 239/2011. Alma Delia León Sandoval. 24 de mayo de 2011. Unanimidad de votos. Ponente: Víctor Francisco Mota Cienfuegos. Secretario: Arturo Alberto González Ferreiro.

Capitulo IV.

El daño moral en México

En la cotidianeidad estamos expuestos a sufrir un daño o perjuicio y generalmente deseamos que sea resarcido, sea éste patrimonial o extrapatrimonial, más, si identificamos al sujeto o ente que lo generó. De allí que podemos establecer dos vertientes:

- La del ámbito del derecho Civil; y,
- La del Derecho Penal,

Sin embargo, es también necesario considerar las resoluciones que en el orden administrativo emite la autoridad.

En materia civil existe la responsabilidad objetiva derivada de un acto ilícito (contractual) o un hecho ilícito (extracontractual). En el ámbito del derecho penal, existe el delito y derivado de ello se impone una pena y una reparación integral del daño.

En consecuencia, la responsabilidad civil es independiente de la responsabilidad penal.

Ahora bien, el Código Civil Federal establece en el apartado de las obligaciones que nacen de los actos ilícitos expresamente en su artículo 1910 lo siguiente: "El que obrando ilícitamente o contra las buenas costumbres cause daño a otro, está obligado a repararlo, a menos que demuestre que el daño se produjo como consecuencia de culpa o negligencia inexcusable de la víctima".

Así las cosas, con el objeto de abundar en el tema del daño moral, es importante señalar lo siguiente:

La premisa mayor surge de que, como seres humanos tenemos derechos y estos derechos pueden ser vulnerados.

Los derechos humanos como ya dijimos, son el conjunto de prerrogativas sustentadas en la dignidad humana la que es necesaria para el desarrollo integral, los cuales sin distinción, credo, nacionalidad, origen étnico, color, religión, lengua o cualquier otra condición; La Comisión Americana de los Derechos Humanos de los que México forma parte, establece su protección conforme al primer artículo de la Convención.- La Constitución Política de los Estados Unidos Mexicanos, lo establece igualmente en su primer artículo, que todas las personas gozarán de los derechos humanos reconocidos en esta Constitución y los tratados internacionales de los que el Estado mexicano sea parte.[21]

---

[21] https://www.diputados.gob.mx/LeyesBiblio/ref/cpeum.htm Constitución Política de los Estados Unidos Mexicanos. Artículo 1°. Artículo 1o. En los Estados Unidos Mexicanos todas las personas gozarán de los derechos humanos reconocidos en esta Constitución y en los tratados internacionales de los que el Estado Mexicano sea parte, así como de las garantías para su protección, cuyo ejercicio no podrá restringirse ni suspenderse, salvo en los casos y bajo las condiciones que esta Constitución establece. Las normas relativas a los derechos humanos se interpretarán de conformidad con esta Constitución y con los tratados internacionales de la materia favoreciendo en todo tiempo a las personas la protección más amplia. Todas las autoridades, en el ámbito de sus competencias, tienen la obligación de promover, respetar, proteger y garantizar los derechos humanos de conformidad con los principios de universalidad, interdependencia, indivisibilidad y progresividad. En consecuencia, el Estado deberá prevenir, investigar, sancionar y reparar las violaciones a los derechos humanos, en los términos que establezca la ley. Está prohibida la esclavitud en los Estados Unidos Mexicanos. Los esclavos del extranjero que entren al territorio nacional alcanzarán, por este solo hecho, su libertad y la protección de las leyes. Queda prohibida toda discriminación motivada por origen étnico o nacional, el género, la edad, las discapacidades, la condición social, las condiciones de salud, la religión, las opiniones, las preferencias sexuales, el estado civil o cualquier otra que atente contra la digni-

Por ello, para estar en posibilidad de conocer las afectaciones que pueden considerarse para un quantum indemnizatorio, es necesario analizar en que consisten, cuales son las causas, que es lo que establece la ley al respecto, la responsabilidad de quien o quienes lo realizaron y ante quien es la reclamación y en consecuencia, si procede su reparación integral.

Desde el punto de vista civil y debido a la importancia que representa acreditar los elementos que provocan el daño moral, insertamos textualmente el artículo 1916 de la Ley Adjetiva Civil Federal, que a la letra dice:

> "Artículo 1916.- *Por daño moral se entiende la afectación que una persona sufre en sus sentimientos, afectos, creencias, decoro, honor, reputación, vida privada, configuración y aspecto físicos, o bien en la consideración que de sí misma tienen los demás. Se presumirá que hubo daño moral cuando se vulnere o menoscabe ilegítimamente la libertad o la integridad física o psíquica de las personas. Cuando un hecho u omisión ilícitos produzcan un daño moral, el responsable del mismo tendrá la obligación de repararlo mediante una indemnización en dinero, con independencia de que se haya causado daño material, tanto en responsabilidad contractual como extracontractual. Igual obligación de reparar el daño moral tendrá quien incurra en responsabilidad objetiva conforme al artículo 1913, así como el Estado y sus servidores públicos, conforme a los artículos 1927 y 1928, todos ellos del presente Código. La acción de reparación no es transmisible a terceros por acto entre vivos y sólo pasa a los herederos de la víctima cuando ésta haya intentado la acción en vida. El monto de la indemnización lo determinará el juez tomando en cuenta los derechos lesionados, el grado de responsabilidad, la situación económica del responsable, y la de la víctima, así como las demás circunstancias del caso. Cuando el daño moral haya afectado a la víctima en su decoro, honor, reputación o consideración, el juez ordenará, a petición de ésta y con cargo al responsable, la publicación de un extracto de la sentencia que refleje adecua-*

---

dad humana y tenga por objeto anular o menoscabar los derechos y libertades de las personas *damente la naturaleza y alcance de la misma, a través de los medios informativos que considere convenientes. En los casos en que el daño derive de un acto que haya tenido difusión en los medios informativos, el juez ordenará que los mismos den publicidad al extracto de la sentencia, con la misma relevancia que hubiere tenido la difusión original. Estarán sujetos a la reparación del daño moral de acuerdo a lo establecido por este ordenamiento y, por lo tanto, las conductas descritas se considerarán como hechos ilícitos:* I. *El que comunique a una o más personas la imputación que se hace a otra persona física o moral, de un hecho cierto o falso, determinado o indeterminado, que pueda causarle deshonra, descrédito, perjuicio, o exponerlo al desprecio de alguien;* II. *El que impute a otro un hecho determinado y calificado como delito por la ley, si este hecho es falso, o es inocente la persona a quien se imputa;* III. *El que presente denuncias o querellas calumniosas, entendiéndose por tales aquellas en que su autor imputa un delito a persona determinada, sabiendo que ésta es inocente o que aquél no se ha cometido, y* IV. *Al que ofenda el honor, ataque la vida privada o la imagen propia de una persona. La reparación del daño moral con relación al párrafo e incisos anteriores deberá contener la obligación de la rectificación o respuesta de la información difundida en el mismo medio donde fue publicada y con el mismo espacio y la misma circulación o audiencia a que fue dirigida la información original, esto sin menoscabo de lo establecido en el párrafo quinto del presente artículo. La reproducción fiel de información no da lugar al daño moral, aun en los casos en que la información reproducida no sea correcta y pueda dañar el honor de alguna persona, pues no constituye una responsabilidad para el que difunde dicha información, siempre y cuando se cite la fuente de donde se obtuvo.*

De la transcripción íntegra del dispositivo anteriormente mencionado, podemos extraer las siguientes afectaciones o variables: sus sentimientos, afectos, creencias, decoro, honor, reputación, vida privada, configuración y aspecto físicos, o bien en la consideración que de sí misma tienen los demás; pero esto, como ya lo comentamos, es una descripción enunciativa, mas no limitativa, pues de los diferentes ordenamientos jurídicos y sobre todo analizando el caso concreto, se pueden desprender otras afectaciones (variables) como la tranquilidad, la paz, y entratándose de personas morales, el prestigio de una marca, de una denominación, por mencionar algunos.

En el derecho civil, la reclamación del quantum indemnizatorio por daño moral se establece desde el inicio de la demanda como prestación principal y desde luego se siguen todas las etapas del procedimiento hasta la sentencia en la cual se resuelve si se condena o no a la parte demandada sobre el pago del daño moral.

En materia penal, el delito se persigue de oficio o a instancia de parte y dentro de la carpeta de investigación correspondiente se puede comprobar la existencia de un delito, de tal manera, que solo hasta que se dicta sentencia al inculpado, el Juez de los autos está en posibilidad de establecer la existencia del delito, su condena y desde luego la reparación integral del daño moral de la víctima.

Debido a que nuestro trabajo atiende medularmente los derechos humanos y a la violación de éstos, enumeramos lo que en nuestra consideración se encuentran las afectaciones o daño moral a las personas y aunque algunos de los ordenamientos jurídicos que insertamos y comentamos se refieren estrictamente a las personas físicas, no podemos soslayar que en algunos de ellos pueden aplicarse igualmente a las personas morales o jurídicas.

1. ANTECEDENTES HISTÓRICOS

Código Civil 1928.- En nuestro país el daño moral fue regulado por primera vez en el código Civil del Distrito Federal en materia común y para toda la república en materia federal en el cual se establecía que la reparación del daño debía consistir en el restablecimiento de la situación anterior a él y cuando ello fuere imposible, en el pago de los daños y perjuicios; independientemente de lo anterior, el Juez podía determinar a favor de la víctima de un hecho ilícito o de su familia, si aquella muere, una indemnización equitativa a título de reparación moral, la cual no podría exceder de la tercera parte de lo que se acreditada como responsabilidad civil.

Código Civil 1982.- Este orden jurídico se publicó en el Diario Oficial de la Federación, la reforma del artículo 1916 de dicho cuerpo legal y en el que expresamente ya se considera como daño moral, el cual se traduce en la afectación que una persona sufre en sus sentimientos afectos, creencias, decoro, honor, reputación, vida privada, configuración y aspectos físicos o bien en la consideración que de si misma tienen los demás; Estableciéndose además que el responsable de dicho daño moral tendría la obligación de repararlo mediante una indemnización en dinero, con independencia de que se haya causado daño material, tanto en responsabilidad contractual como extracontractual, estableciéndose además que el monto de la indemnización lo determina el juez tomando en cuenta los derechos lesionados, el grado de responsabilidad, la situación económica del responsable y la de la víctima, así como las demás circunstancias del caso.

Igualmente establecía "cuando el daño moral Cuando el daño moral haya afectado a la víctima en su decoro, honor, reputación o consideración, el juez ordenará a petición de ésta y con cargo al responsable, la publicación de un extracto de la sentencia que refleje adecuadamente la naturaleza y alcance de la misma, a través de los medios informativos que considere convenientes. En los casos en que el daño derive de un acto que haya tenido difusión en los medios informativos, el juez ordenará que los mismos den publicidad al extracto de la sentencia, con la misma relevancia que hubiera tenido la difusión original"

Además se modificó el artículo 2116 estableciendo que al fijar el valor y deterioro de una cosa, no se atenderá al precio estimativo o de afecto, a no ser que se pruebe que el responsable destruyó o deterioró la cosa con objeto de lastimar los sentimientos o afectos del dueño, el aumento que por estas causas se haya, se determinará conforme a lo dispuesto por el artículo 1916.

Código Civil 1994 [22]se publica en el Diario Oficial de la Federación la reforma a los artículos 1916[23], 1927[24] y 1928[25] del Código Civil para el Distrito Federal en Materia Común y para toda la República en Materia Federal

---

[22] https://dof.gob.mx/nota_detalle.php?codigo=4788013&fecha=31/12/1982#gsc.tab=0

[23] Artículo 1916.- Por daño moral se entiende la afectación que una persona sufre en sus sentimientos, afectos, creencias, decoro, honor, reputación, vida privada, configuración y aspectos físicos, o bien en la consideración que de sí misma tienen los demás. Se presumirá que hubo daño moral cuando se vulnere o menoscabe ilegítimamente la libertad o la integridad física o psíquica de las personas. Cuando un hecho u omisión ilícitos produzcan un daño moral, el responsable del mismo tendrá la obligación de repararlo mediante una indemnización en dinero, con independencia de que se haya causado daño material, tanto en responsabilidad contractual como extracontractual. Igual obligación de reparar el daño moral tendrá quien incurra en responsabilidad objetiva conforme al artículo 1913, así como el Estado y sus servidores públicos, conforme a los artículos 1927 y 1928, todos ellos del presente Código"

[24] "Artículo 1927.- El Estado tiene obligación de responder del pago de los daños y perjuicios causados por sus servidores públicos con motivo del ejercicio de las atribuciones que les estén encomendadas. Esta responsabilidad será solidaria tratándose de actos ilícitos dolosos, y subsidiaria en los demás casos, en los que sólo podrá hacerse efectiva en contra del Estado cuando el servidor público directamente responsable no tenga bienes o los que tenga no sean suficientes para responder de los daños y perjuicios causados por sus servidores públicos. (actualmente está derogado)

[25] Artículo 1928.- El que paga los daños y perjuicios causados por sus sirvientes, empleados, funcionarios y operarios, puede repetir de ellos lo que hubiere pagado.

La última reforma al Código Civil Federal fue publicada en el Diario Oficial de la Federación el 11 de enero de 2021; sin embargo en materia de daño moral lo fue el 13 de abril de 2007 y que más adelante referimos a detalle.

2. CRITERIOS: TESIS Y JURISPRUDENCIA

Como ya hemos mencionado hay daño moral porque hay violación a los derechos humanos y en ese contexto la Suprema Corte de Justicia de la Nación ha emitido Tesis y Jurisprudencia donde analiza, interpreta y resuelve respecto de algunas de las afectaciones que se regulan en el artículo 1916 de la Ley Adjetiva Civil Federal.-

> Tesis
>
> Registro digital: 160425
>
> Instancia: Tribunales Colegiados de Circuito
>
> Décima Época
>
> Materia(s): Civil
>
> Tesis: I.3o.C. J/71 (9a.)
>
> Fuente: Semanario Judicial de la Federación y su Gaceta. Libro IV, Enero de 2012, Tomo 5, página 4036
>
> Tipo: Jurisprudencia[26]
>
> DAÑO MORAL. ES LA ALTERACIÓN PROFUNDA QUE SUFRE UNA PERSONA EN SUS SENTIMIENTOS, AFECTOS, CREENCIAS, DECORO, HONOR, REPUTACIÓN, VIDA PRIVADA, CONFIGURACIÓN Y ASPECTOS FÍSICOS, O BIEN, EN LA CONSIDERACIÓN QUE DE SÍ MISMA TIENEN LOS DEMÁS, PRODUCIDA POR HECHO ILÍCITO.

---

26 https://sjf2.scjn.gob.mx/detalle/tesis/160425

El derecho romano, durante sus últimas etapas, admitió la necesidad de resarcir los daños morales, inspirado en un principio de buena fe, y en la actitud que debe observar todo hombre de respeto a la integridad moral de los demás; consagró este derecho el principio de que junto a los bienes materiales de la vida, objeto de protección jurídica, existen otros inherentes al individuo mismo, que deben también ser tutelados y protegidos, aun cuando no sean bienes materiales. En México, la finalidad del legislador, al reformar los artículos 1916 y adicionar el 1916 Bis del Código Civil para el Distrito Federal, mediante decreto publicado en el Diario Oficial de la Federación el treinta y uno de diciembre de mil novecientos ochenta y dos, y posteriormente modificar los párrafos primero y segundo del artículo 1916, consistió en hacer responsable civilmente a todo aquel que, incluso, ejerce su derecho de expresión a través de un medio de información masivo, afecte a sus semejantes, atacando la moral, la paz pública, el derecho de terceros, o bien, provoque algún delito o perturbe el orden público, que son precisamente los límites que claramente previenen los artículos 6o. y 7o. de la Constitución General de la República. Así, de acuerdo al texto positivo, por daño moral debe entenderse la alteración profunda que una persona sufre en sus sentimientos, afectos, creencias, decoro, honor, reputación, vida privada, configuración y aspectos físicos, o bien, en la consideración que de sí misma tienen los demás, producida por un hecho ilícito. Por tanto, para que se produzca el daño moral se requiere: a) que exista afectación en la persona, de cualesquiera de los bienes que tutela el artículo 1916 del Código Civil; b) que esa afectación sea consecuencia de un hecho ilícito; y, c) que haya una relación de causa-efecto entre ambos acontecimientos.

TERCER TRIBUNAL COLEGIADO EN MATERIA CIVIL DEL PRIMER CIRCUITO.

Amparo directo 8633/99. Marco Antonio Rascón Córdova. 8 de marzo de 2001. Unanimidad de votos. Ponente: Neófito López Ramos. Secretario: Rómulo Amadeo Figueroa Salmorán.

Amparo directo 399/2008. Gloria Susana Nava Rodríguez. 11 de septiembre de 2008. Unanimidad de votos. Ponente: Neófito López Ramos. Secretario: Román Fierros Zárate.

Amparo directo 661/2008. Rodrigo Toca Austin. 19 de febrero de 2009. Mayoría de votos; unanimidad en relación con el tema contenido en esta tesis. Disidente: Víctor Francisco Mota Cienfuegos. Ponente: Benito Alva Zenteno. Secretario: Vidal Óscar Martínez Mendoza.

Amparo directo 428/2009. Domingo Alejo López Cortés. 20 de agosto de 2009. Unanimidad de votos. Ponente: Víctor Francisco Mota Cienfuegos. Secretario: Erick Fernando Cano Figueroa.

Amparo directo 412/2009. **********. 8 de octubre de 2009. Unanimidad de votos. Ponente: Benito Alva Zenteno. Secretario: Vidal Óscar Martínez Mendoza.

Tesis

Registro digital: 178767

Instancia: Primera Sala

Novena Época

Materia(s): Civil

Tesis: 1a./J. 6/2005

Fuente: Semanario Judicial de la Federación y su Gaceta. Tomo XXI, Abril de 2005, página 155

Tipo: Jurisprudencia[27]

DAÑO MORAL. LAS PERSONAS MORALES ESTÁN LEGITIMADAS PARA DEMANDAR SU REPARACIÓN EN CASO QUE SE AFECTE LA CONSIDERACIÓN QUE TIENEN LOS DEMÁS RESPECTO DE ELLAS (ARTÍCULO 1916 DEL CÓDIGO CIVIL PARA EL DISTRITO FEDERAL).

Conforme al citado precepto, es jurídicamente posible que las personas colectivas demanden la reparación del daño moral que llegare a ocasionárseles, ya que al definirlo como la afectación que una persona sufre en sus sentimientos, afectos, creencias, decoro, honor, reputación, vida privada, configuración y aspectos físicos, o bien en la consideración que de ella tienen los demás, lo hace consistir en una lesión a los conceptos enumerados y obliga al responsable a repararlo mediante

27 https://sjf2.scjn.gob.mx/detalle/tesis/178767

una indemnización pecuniaria. Aunado a lo anterior, y si se tiene en cuenta que jurídicamente es posible que además de las personas físicas, las morales también sean sujetos de derechos y obligaciones, según los artículos 25 a 27 del mencionado código, las cuales adquieren personalidad para realizar ciertos fines distintos a los de cada uno de los miembros que las componen, como lo establece el artículo 2o. de la Ley General de Sociedades Mercantiles; que obran y se obligan por medio de los órganos que las representan, y si el derecho les atribuye la calidad de personas morales a esas colectividades que adquieren unidad y cohesión a través de la personalidad, y por medio de esta construcción técnica les permite adquirir individualidad de manera similar al ser humano, y toda vez que el daño moral está íntimamente relacionado con los derechos de la personalidad, es indudable que por equiparación y analogía los conceptos relativos a la reputación y a la consideración que de sí misma tienen los demás, también se aplican a las personas morales.

Contradicción de tesis 100/2003-PS. Entre las sustentadas por los Tribunales Colegiados Octavo y Décimo Tercero, ambos en Materia Civil del Primer Circuito. 1o. de diciembre de 2004. Cinco votos. Ponente: Juan N. Silva Meza. Secretario: Manuel González Díaz.

Tesis de jurisprudencia 6/2005. Aprobada por la Primera Sala de este Alto Tribunal, en sesión de fecha veintiséis de enero de dos mil cinco.

Tesis

Registro digital: 2023559

Instancia: Primera Sala

Undécima Época

Materia(s): Civil

Tesis: 1a. XXXIX/2021 (10a.)

Fuente: Gaceta del Semanario Judicial de la Federación. Libro 5, Septiembre de 2021, Tomo II, página 1926

Tipo: Aislada[28]

DAÑO MORAL. LOS SUPUESTOS PREVISTOS EN EL ARTÍCULO 7.156, PÁRRAFO SEGUNDO, DEL CÓDIGO CIVIL DEL ESTADO DE MÉXICO SON ENUNCIATIVOS, NO LIMITATIVOS.

Hechos: Una persona demandó el pago de una indemnización por daño moral a una empresa en la que laboraba su madre, pues esta última falleció en sus instalaciones. La parte actora consideró que la empresa incurrió en una conducta ilícita por: 1) no proveer la seguridad adecuada a su madre en el trabajo; 2) el retraso injustificado de su personal en la búsqueda y localización oportuna de su madre, así como en dar noticia del deceso a las autoridades; 3) la incertidumbre sobre las verdaderas circunstancias, motivos y lugar del fallecimiento; y, 4) la falta de atención, apoyo e información al actor y sus demás familiares con motivo de los hechos. En primera instancia se le dio la razón, pero en segunda instancia, la Sala civil revocó la sentencia y absolvió a la empresa, al considerar que no se acreditó la conducta ilícita. Inconforme, la parte actora promovió juicio de amparo, el cual fue negado por el Tribunal Colegiado bajo el argumento de que los hechos ilícitos en que sustentó su acción no se ubican en ninguno de los supuestos previstos en el segundo párrafo del artículo 7.156 del Código Civil del Estado de México. Por esta razón, el quejoso impugnó la constitucionalidad del citado artículo en el recurso de revisión.

Criterio jurídico: La Primera Sala de la Suprema Corte de Justicia de la Nación determina que los supuestos sobre hechos ilícitos previstos en el artículo 7.156, párrafo segundo, del Código Civil para el Estado de México en relación con el daño moral son de carácter enunciativo y no limitativo, lo que salvaguarda los derechos a la dignidad humana y a una justa indemnización.

Justificación: El segundo párrafo del artículo 7.156 del Código Civil del Estado de México establece que, de conformidad con lo establecido por dicho ordenamiento, se consideran como hechos ilícitos: i) comunicar a una o más personas, la imputación que se hace a otra de un hecho cierto o falso, determi-

[28] https://sjf2.scjn.gob.mx/detalle/tesis/2023559

nado o indeterminado, que cause o pueda causarle deshonra, descrédito o perjuicio, o exponerla al desprecio de alguien; ii) ejecutar una acción o proferir una expresión que, por su naturaleza, ocasión o circunstancia, pueda perjudicar la reputación del agraviado, fuera de una contienda de obra o palabra y con ánimo de ofender; y iii) imputar a otro falsamente un delito, ya sea porque el hecho es falso o inocente la persona a quien se imputa. Ahora bien, el artículo 7.154 del Código Civil del Estado de México define el daño moral como la afectación que una persona sufre en su honor, crédito y prestigio, vida privada y familiar, al respeto a la reproducción de su imagen y voz, en su nombre o seudónimo o identidad personal, su presencia estética, y los afectivos derivados de la familia, la amistad y los bienes. En ese mismo sentido, la doctrina divide el daño moral en la afectación a "la parte social o moral", que comprende el honor, la reputación, la consideración que de sí misma tienen los demás y en la "parte afectiva", que toca a la persona en sus sentimientos y sufrimientos. Por tanto, interpretar en sentido taxativo el artículo 7.156, segundo párrafo, del Código Civil en cita implicaría sesgar el concepto mismo de daño moral, al excluir, injustificadamente, toda reclamación que se sustente en un menoscabo a la parte afectiva de una persona y cualquier otro que, fuera de los tres supuestos previstos en esa porción normativa, configuren hechos ilícitos que incidan en la parte social o moral de una persona. Además, no hay nada en la frase "se consideran" contenida en el texto de esa porción normativa que, semánticamente, permita concluir que se usa en sentido taxativo. Por el contrario, su interpretación sistemática con los artículos 7.145, 7.154 y 7.155 del Código Civil mencionado permite concluir que tienen un sentido meramente enunciativo.

Amparo directo en revisión 5505/2017. Cristian Jesús Díaz Vargas. 13 de enero de 2021. Cinco votos de las Ministras Norma Lucía Piña Hernández, quien está con el sentido, pero con salvedad en las consideraciones, y Ana Margarita Ríos Farjat, y los Ministros Juan Luis González Alcántara Carrancá, Jorge Mario Pardo Rebolledo y Alfredo Gutiérrez Ortiz Mena, quien reservó su derecho para formular voto concurrente. Ponente: Ana Margarita Ríos Farjat. Secretaria: Irlanda Denisse Ávalos Núñez.

Esta tesis se publicó el viernes 17 de septiembre de 2021 a las 10:26 horas en el Semanario Judicial de la Federación.

Tesis

Registro digital: 2026334

Instancia: Primera Sala

Undécima Época

Materia(s): Civil, Constitucional, Penal

Tesis: 1a./J. 64/2023 (11a.)

Fuente: Semanario Judicial de la Federación.

Tipo: Jurisprudencia[29]

DERECHO HUMANO A LA REPARACIÓN INTEGRAL DEL DAÑO. CONSTITUYE UNA GARANTÍA ESTATAL Y UN ASUNTO DE INTERÉS PÚBLICO, AUN TRATÁNDOSE DE ACUERDOS REPARATORIOS QUE PONEN FIN A LA ACCIÓN PENAL.

Hechos: Una persona reclamó la declaración de responsabilidad civil y la reparación integral del daño derivado de un accidente en el que un hombre ocasionó la muerte del padre de familia, así como el cumplimiento del contrato de seguro del demandado. El Juez de Primera Instancia determinó la responsabilidad civil y condenó al hombre y a la aseguradora solidariamente al pago de una indemnización, de la que debía deducirse el monto cubierto en el acuerdo reparatorio que le puso fin a la causa penal respectiva a fin de lograr la reparación integral, lo que fue confirmado en la apelación. La aseguradora promovió juicio de amparo directo en contra de esta determinación, el cual fue concedido porque el Tribunal Colegiado de Circuito del conocimiento estimó que la actora no contaba con legitimación para acudir a la vía civil al no haberse reservado este derecho en el acuerdo reparatorio. Inconforme, la parte tercera interesada interpuso recurso de revisión.

Criterio jurídico: La Primera Sala de la Suprema Corte de Justicia de la Nación considera que en la celebración de los acuerdos reparatorios existe una obligación reforzada de la Fiscalía y de las y los Jueces de Control involucrados en el pro-

---

29 https://sjf2.scjn.gob.mx/detalle/tesis/2026334

cedimiento penal de asegurarse que las partes encuentren una solución adecuada y proporcional del conflicto, de acuerdo con las condiciones personales, del hecho y con la reparación del daño; y que suscriban con la información completa de sus efectos y sin violencia o intimidación alguna, pues sólo así puede estimarse válidamente que fue su voluntad la extinción de la acción penal, especialmente, tratándose de grupos en situación de vulnerabilidad. De esta forma, aun tratándose de medios autocompositivos, el derecho a la reparación integral del daño implica una garantía estatal que se traduce en el deber de las autoridades de verificar diligentemente la proporcionalidad y el efecto reparador de las obligaciones pactadas y de su cumplimiento, en el que debe prevalecer el mayor resarcimiento posible de la dignidad humana de la parte agraviada.

Justificación: En este esquema autocompositivo de solución de controversias, las partes renuncian a someterse a un juicio penal tradicional a través de la aceptación del imputado de su responsabilidad y su obligación a satisfacer el derecho humano de las víctimas u ofendidos a la reparación integral. Debido a la importancia de los bienes jurídicos en juego y a que las partes usualmente no son peritos en la materia, las autoridades involucradas en el procedimiento penal son las encargadas de vigilar que las negociaciones sean justas, proporcionales, en igualdad de condiciones y con un efecto resarcitorio para los afectados, pues los acuerdos reparatorios no pueden llegar al extremo de considerarse un asunto privado aun tratándose de medios autocompositivos. En este sentido, las personas juzgadoras tienen la obligación de identificar situaciones de poder y desigualdad que resulten en obligaciones desproporcionadas como una cuestión de interés público para la celebración de un acuerdo reparatorio y salvaguardar el derecho humano a la reparación integral.

PRIMERA SALA.

Amparo directo en revisión 1329/2020. 19 de enero de 2022. Cinco votos de las Ministras Norma Lucía Piña Hernández, quien está con el sentido, pero con salvedad en las consideraciones y reservó su derecho para formular voto concurrente, y Ana Margarita Ríos Farjat, y los Ministros Juan Luis González Alcántara Carrancá, Jorge Mario Pardo Rebolledo, quien formuló voto concurrente, y Alfredo Gutiérrez Ortiz Mena. Ponente: Ministro Juan Luis González Alcántara Carrancá. Secretarios: Fernando Sosa Pastrana y Néstor Rafael Salas Castillo.

Tesis de jurisprudencia 64/2023 (11a.). Aprobada por la Primera Sala de este Alto Tribunal, en sesión privada de doce de abril de dos mil veintitrés.

Esta tesis se publicó el viernes 21 de abril de 2023 a las 10:25 horas en el Semanario Judicial de la Federación y, por ende, se considera de aplicación obligatoria a partir del lunes 24 de abril de 2023, para los efectos previstos en el punto noveno del Acuerdo General Plenario 1/2021.

Tesis

Registro digital: 2026335

Instancia: Primera Sala

Undécima Época

Materia(s): Civil, Constitucional, Penal

Tesis: 1a./J. 63/2023 (11a.)

Fuente: Semanario Judicial de la Federación.

Tipo: Jurisprudencia[30]

DERECHO HUMANO A LA REPARACIÓN INTEGRAL DEL DAÑO. SU RECLAMO A TRAVÉS DE UNA ACCIÓN DE RESPONSABILIDAD CIVIL ES DE NATURALEZA RESARCITORIA Y AUTÓNOMA A LA REPARACIÓN DEL DAÑO DERIVADA DE UN PROCEDIMIENTO PENAL [INTERRUPCIÓN DE LA JURISPRUDENCIA 1a./J. 43/2014 (10a.)].

Hechos: Una persona reclamó la declaración de responsabilidad civil y la reparación integral del daño derivado de un accidente en el que un hombre ocasionó la muerte del padre de familia, así como el cumplimiento del contrato de seguro del demandado. El Juez de Primera Instancia determinó la responsabilidad civil y condenó al hombre y a la aseguradora solidariamente al pago de una indemnización, de la que debía deducirse el monto cubierto en el acuerdo reparatorio que le

30 https://sjf2.scjn.gob.mx/detalle/tesis/2026335

puso fin a la causa penal respectiva a fin de lograr la reparación integral, lo que fue confirmado en la apelación. La aseguradora promovió juicio de amparo directo en contra de esta determinación, el cual fue concedido porque el Tribunal Colegiado de Circuito del conocimiento estimó que la actora no contaba con legitimación para acudir a la vía civil al no haberse reservado este derecho en el acuerdo reparatorio. Inconforme, la parte tercera interesada interpuso recurso de revisión.

Criterio jurídico: La Primera Sala de la Suprema Corte de Justicia de la Nación considera que el derecho a la reparación integral es un derecho humano irrenunciable que puede exigirse a través de la responsabilidad civil extracontractual, pues consiste en una figura esencial de naturaleza resarcitoria para todo aquel que ha resentido un hecho ilícito y constituye una acción autónoma de la reparación del daño derivada de un delito. Luego, la sanción penal de reparar el daño causado por la comisión de un delito y la responsabilidad civil derivada de la obligación de no dañar a otros son acciones diversas e independientes que, aunque pudieran contar con el mismo hecho ilícito generador, constituyen reclamos autónomos con distintas disposiciones aplicables y estándares de prueba. Por lo tanto, estas acciones pueden operar en conjunto hasta lograr la integralidad de la reparación posible para la parte agraviada, en el que el ejercicio de la acción y una eventual condena deben valorarse por sus propios méritos, lo que conlleva abandonar el criterio establecido en la jurisprudencia 1a./J. 43/2014 (10a.), de rubro: "RESPONSABILIDAD CIVIL OBJETIVA. POR REGLA GENERAL ES IMPROCEDENTE SI YA SE CUBRIÓ LA INDEMNIZACIÓN DETERMINADA EN UN PROCESO PENAL PARA REPARAR EL DAÑO."

Justificación: El derecho a la reparación integral o a la justa indemnización, contenido en el artículo 63.1 de la Convención Americana sobre Derechos Humanos, ha trascendido de un carácter sancionatorio a centrarse en el derecho humano de las víctimas al resarcimiento de las violaciones sufridas. Este derecho debe ser garantizado por el Estado, lo que implica su satisfacción incluso con medidas de diversa naturaleza de manera simultánea, pues un solo hecho ilícito puede tener un impacto multidimensional en diversos derechos humanos y por ende requerir de acciones complementarias para lograr una reparación integral. De esta forma, los efectos de la comisión de un hecho ilícito pueden persistir después de la culminación de un procedimiento penal, lo que justificaría la adjudicación de la responsabilidad civil extracontractual derivada de la generación de un daño y evidencia la autonomía de esta acción

PRIMERA SALA.

Amparo directo en revisión 1329/2020. 19 de enero de 2022. Cinco votos de las Ministras Norma Lucía Piña Hernández, quien está con el sentido, pero con salvedad en las consideraciones y reservó su derecho para formular voto concurrente, y Ana Margarita Ríos Farjat, y los Ministros Juan Luis González Alcántara Carrancá, Jorge Mario Pardo Rebolledo, quien formuló voto concurrente, y Alfredo Gutiérrez Ortiz Mena. Ponente: Ministro Juan Luis González Alcántara Carrancá. Secretarios: Fernando Sosa Pastrana y Néstor Rafael Salas Castillo.

Nota: Esta tesis interrumpe la citada jurisprudencia 1a./J. 43/2014 (10a.), publicada en la Gaceta del Semanario Judicial de la Federación, Décima Época, Libro 9, agosto de 2014, Tomo I, página 478, con número de registro digital: 2007292.

Tesis de jurisprudencia 63/2023 (11a.). Aprobada por la Primera Sala de este Alto Tribunal, en sesión privada de doce de abril de dos mil veintitrés.

Esta tesis se publicó el viernes 21 de abril de 2023 a las 10:25 horas en el Semanario Judicial de la Federación y, por ende, se considera de aplicación obligatoria a partir del lunes 24 de abril de 2023, para los efectos previstos en el punto noveno del Acuerdo General Plenario 1/2021.

Tesis

Registro digital: 160425

Instancia: Tribunales Colegiados de Circuito

Décima Época

Materia(s): Civil

Tesis: I.3o.C. J/71 (9a.)

Fuente: Semanario Judicial de la Federación y su Gaceta. Libro IV, Enero de 2012, Tomo 5, página 4036

Tipo: Jurisprudencia[31]

DAÑO MORAL. ES LA ALTERACIÓN PROFUNDA QUE SUFRE UNA PERSONA EN SUS SENTIMIENTOS, AFECTOS, CREENCIAS, DECORO, HONOR, REPUTACIÓN, VIDA PRIVADA, CONFIGURACIÓN Y ASPECTOS FÍSICOS, O BIEN, EN LA CONSIDERACIÓN QUE DE SÍ MISMA TIENEN LOS DEMÁS, PRODUCIDA POR HECHO ILÍCITO.

El derecho romano, durante sus últimas etapas, admitió la necesidad de resarcir los daños morales, inspirado en un principio de buena fe, y en la actitud que debe observar todo hombre de respeto a la integridad moral de los demás; consagró este derecho el principio de que junto a los bienes materiales de la vida, objeto de protección jurídica, existen otros inherentes al individuo mismo, que deben también ser tutelados y protegidos, aun cuando no sean bienes materiales. En México, la finalidad del legislador, al reformar los artículos 1916 y adicionar el 1916 Bis del Código Civil para el Distrito Federal, mediante decreto publicado en el Diario Oficial de la Federación el treinta y uno de diciembre de mil novecientos ochenta y dos, y posteriormente modificar los párrafos primero y segundo del artículo 1916, consistió en hacer responsable civilmente a todo aquel que, incluso, ejerce su derecho de expresión a través de un medio de información masivo, afecte a sus semejantes, atacando la moral, la paz pública, el derecho de terceros, o bien, provoque algún delito o perturbe el orden público, que son precisamente los límites que claramente previenen los artículos 6o. y 7o. de la Constitución General de la República. Así, de acuerdo al texto positivo, por daño moral debe entenderse la alteración profunda que una persona sufre en sus sentimientos, afectos, creencias, decoro, honor, reputación, vida privada, configuración y aspectos físicos, o bien, en la consideración que de sí misma tienen los demás, producida por un hecho ilícito. Por tanto, para que se produzca el daño moral se requiere: a) que exista afectación en la persona, de cualesquiera de los bienes que tutela el artículo 1916 del Código Civil; b) que esa afectación sea consecuencia de un hecho ilícito; y, c) que haya una relación de causa-efecto entre ambos acontecimientos.

---

31 https://sjf2.scjn.gob.mx/detalle/tesis/160425

TERCER TRIBUNAL COLEGIADO EN MATERIA CIVIL DEL PRIMER CIRCUITO.

Amparo directo 8633/99. Marco Antonio Rascón Córdova. 8 de marzo de 2001. Unanimidad de votos. Ponente: Neófito López Ramos. Secretario: Rómulo Amadeo Figueroa Salmorán.

Amparo directo 399/2008. Gloria Susana Nava Rodríguez. 11 de septiembre de 2008. Unanimidad de votos. Ponente: Neófito López Ramos. Secretario: Román Fierros Zárate.

Amparo directo 661/2008. Rodrigo Toca Austin. 19 de febrero de 2009. Mayoría de votos; unanimidad en relación con el tema contenido en esta tesis. Disidente: Víctor Francisco Mota Cienfuegos. Ponente: Benito Alva Zenteno. Secretario: Vidal Óscar Martínez Mendoza.

Amparo directo 428/2009. Domingo Alejo López Cortés. 20 de agosto de 2009. Unanimidad de votos. Ponente: Víctor Francisco Mota Cienfuegos. Secretario: Erick Fernando Cano Figueroa.

Amparo directo 412/2009. **********. 8 de octubre de 2009. Unanimidad de votos. Ponente: Benito Alva Zenteno. Secretario: Vidal Óscar Martínez Mendoza

Tesis

Registro digital: 167941

Instancia: Tribunales Colegiados de Circuito

Novena Época

Materia(s): Civil

Tesis: I.4o.C.172 C

Fuente: Semanario Judicial de la Federación y su Gaceta. Tomo XXIX, Febrero de 2009, página 1849

Tipo: Aislada[32]

---

[32] https://sjf2.scjn.gob.mx/detalle/tesis/167941

DAÑO MORAL. LA CUANTÍA DE LA INDEMNIZACIÓN DEBE DETERMINARSE POR EL JUEZ, INDEPENDIENTEMENTE DE LA CANTIDAD PEDIDA EN LA DEMANDA.

La interpretación gramatical y funcional del cuarto párrafo del artículo 1916 del Código Civil para el Distrito Federal, lleva a considerar que el señalamiento de una cantidad específica de dinero en la demanda, como monto de indemnización por daño moral, no impone al actor la carga de acreditar necesariamente esa suma precisa, para el acogimiento de su pretensión, porque ordinariamente no se tienen bases predeterminadas o seguras que permitieran establecer de antemano la cuantía de la indemnización correspondiente en cada caso en que se causa daño moral, ya que dicho daño atañe a bienes intangibles de la persona, como sus sentimientos, decoro, honor, afectos, creencias, su aspecto físico, etcétera, y aunque la ley permite su resarcimiento a través de indemnización pecuniaria, en la determinación de su monto entran en juego diversos elementos cuya valoración corresponde al prudente arbitrio del Juez, al dictar sentencia, consistentes en los derechos lesionados, el grado de responsabilidad, la situación económica del responsable, y la de la víctima, así como las demás circunstancias del caso. De esa manera, es en la valoración de cada caso particular cuando el Juez está en condiciones de determinar la cuantía correspondiente. Por tanto, el reclamo de cierta cantidad en la demanda, debe tomarse como la valoración o estimación personal y subjetiva del daño sufrido, que se somete a la decisión imparcial y objetiva del Juez, sustentada en la valoración y conjugación de todos los elementos allegados al juicio, a fin de que la indemnización se acerque lo más posible a la magnitud del daño causado, dentro de las posibilidades o capacidades económicas del responsable.

CUARTO TRIBUNAL COLEGIADO EN MATERIA CIVIL DEL PRIMER CIRCUITO.

Amparo directo 417/2008. Hospital Ángeles del Pedregal, S.A. de C.V. 25 de septiembre de 2008. Unanimidad de votos. Ponente: Leonel Castillo González. Secretaria: Mónica Cacho Maldonado.

Tesis

Registro digital: 168484

Instancia: Tribunales Colegiados de Circuito

Novena Época

Materia(s): Civil

Tesis: III.2o.C.148 C

Fuente: Semanario Judicial de la Federación y su Gaceta. Tomo XXVIII, Noviembre de 2008, página 1341

Tipo: Aislada[33]

DAÑO MORAL. CUANDO SE OCASIONA POR EL USUARIO DE LAS SOCIEDADES DE INFORMACIÓN CREDITICIA (BURÓ DE CRÉDITO), NO GENERA RESPONSABILIDAD SOLIDARIA.

Desde su origen las Sociedades de Información Crediticia (Ley para Regular las Agrupaciones Financieras) y su posterior reglamentación en la Ley para Regular las Sociedades de Información Crediticia, se estableció como objeto primordial recabar información que remiten las instituciones de crédito, organizarla y sistematizarla en las bases de datos, así como proporcionar datos veraces cuando le son solicitados y, además, pueden asumir el papel de calificadora de créditos o riesgos, por lo que deben utilizar manuales operativos estandarizados para el registro de información, así como emisión, rectificación e interpretación de los reportes de crédito. En ese sentido, aunque el indebido manejo de la información crediticia por parte de las sociedades (base de datos) puede originar responsabilidad que origine la reparación del daño moral, lo cierto es que las reglas protectoras de los derechos de los clientes (público en general), permiten que la aplicación del artículo 51 de la ley en consulta, se actualice cuando exista culpa grave, dolo o mala fe en el manejo de la base de datos; por tanto, cuando el daño moral (lesión sufrida por la víctima en sus valores, tales como el honor, la honra, los sentimientos, las afecciones y las creencias) se ocasiona por la información proporcionada por el usuario a la sociedad de información crediticia, desde el punto de vista jurídico, el causante es quien proporciona la información carente de veracidad y,

---

33 https://sjf2.scjn.gob.mx/detalle/tesis/168484

entonces, sólo en el evento de que la ahora inconforme hubiera actuado con culpa (extremo de la negligencia llevado al grado de no anticipar consecuencias fácilmente previsibles), mala fe o negligencia, es que le resultaría responsabilidad solidaria, habida cuenta que no es dable presumir esta responsabilidad, sino que debe acreditarse, de ahí que la responsabilidad recae en el autor del texto difundido en el reporte especial de crédito, toda vez que el daño no fue causado en común. SEGUNDO TRIBUNAL COLEGIADO EN MATERIA CIVIL DEL TERCER CIRCUITO.

Amparo directo 155/2008. Trans Unión de México, S.A., S. de I.C. 16 de mayo de 2008.Unanimidad de votos. Ponente: Gerardo Domínguez. Secretario: José Dekar de Jesús Arreola.

Tesis

Registro digital: 180163

Instancia: Tribunales Colegiados de Circuito

Novena Época

Materia(s): Civil

Tesis: I.5o.C.95 C

Fuente: Semanario Judicial de la Federación y su Gaceta. Tomo XX, Noviembre de 2004, página 1949

Tipo: Aislada[34]

DAÑO MORAL. SÓLO PUEDEN SUFRIRLO LAS PERSONAS FÍSICAS (INTERPRETACIÓN DEL ARTÍCULO 1916 DEL CÓDIGO CIVIL PARA EL DISTRITO FEDERAL).

El artículo 1916 del Código Civil para el Distrito Federal dispone que por daño moral se entiende la afectación que una persona sufre en sus sentimientos, afectos, creencias, decoro, honor, reputación, vida privada, configuración y aspectos físicos, o bien, en la consideración que de sí misma tienen los demás y que se presume el daño moral cuando se vulnere o menoscabe ilegítimamente la libertad o la integridad física o

---

34 https://sjf2.scjn.gob.mx/detalle/tesis/180163

psíquica de las personas. Del texto anterior se infiere que la intención del legislador al redactarlo fue preservar los derechos de la personalidad, es decir, garantizar a la persona el goce de sus facultades y el respeto al desenvolvimiento de su personalidad física y moral, mediante la protección de los valores intrínsecos del ser humano, esto es, aquellos bienes propios de él (la paz, la tranquilidad del espíritu, la libertad individual, la integridad física, el honor, la reputación, etcétera) que tienen un valor notable en la vida del hombre. Por tanto, no es posible considerar que se puede causar daño moral a las personas jurídicas, que por ser entes creados por ficción de la ley para la realización de fines colectivos no son titulares del derecho subjetivo tutelado por el citado precepto, esto es, como carecen de los citados valores intrínsecos, que sólo las personas físicas poseen en atención a su individualidad o intimidad, tampoco son titulares de la acción para reclamar la reparación de su afectación.

QUINTO TRIBUNAL COLEGIADO EN MATERIA CIVIL DEL PRIMER CIRCUITO.

Amparo directo 369/2004. Kindercáncer, S.C. 26 de agosto de 2004. Unanimidad de votos. Ponente: Néstor Gerardo Aguilar Domínguez. Secretario: Juan Guillermo Silva Rodríguez.

Véase: Semanario Judicial de la Federación y su Gaceta, Novena Época, Tomo XVIII, agosto de 2003, página 1727, tesis I.8o.C.252 C, de rubro: "DAÑO MORAL. LAS PERSONAS MORALES NO PUEDEN SUFRIR AFECTACIÓN A LOS VALORES CONTENIDOS EN EL ARTÍCULO 1916 DEL CÓDIGO CIVIL PARA EL DISTRITO FEDERAL, POR SER INTRÍNSECOS DEL SER HUMANO."

Nota: Sobre el tema tratado, la Primera Sala resolvió la contradicción de tesis 100/2003-PS, de la que derivó la tesis 1a./J. 6/2005, que aparece publicada en el Semanario Judicial de la Federación y su Gaceta, Novena Época, Tomo XXI, abril de 2005, página 155, con el rubro: "DAÑO MORAL. LAS PERSONAS MORALES ESTÁN LEGITIMADAS PARA DEMANDAR SU REPARACIÓN EN CASO QUE SE AFECTE LA CONSIDERACIÓN QUE TIENEN LOS DEMÁS RESPECTO DE ELLAS (ARTÍCULO 1916 DEL CÓDIGO CIVIL PARA EL DISTRITO FEDERAL)."

Tesis

Registro digital: 183864

Instancia: Tribunales Colegiados de Circuito

Novena Época

Materia(s): Civil

Tesis: I.11o.C.65 C

Fuente: Semanario Judicial de la Federación y su Gaceta. Tomo XVIII, Julio de 2003, página 1074

Tipo: Aislada[35]

DAÑO MORAL. SU EXISTENCIA TRATÁNDOSE DE SOCIEDADES MERCANTILES.

De lo previsto en el artículo 1916 del Código Civil para el Distrito Federal, se desprende que al daño moral se le considera como la afectación que una persona sufre en sus sentimientos, afectos, creencias, decoro, honor, reputación, vida privada, configuración y aspectos físicos, o bien, de la consideración que de sí misma tengan los demás; por lo que cuando en virtud de un hecho u omisión se lesione alguno de esos derechos, el responsable debe repararlo mediante una indemnización en dinero, con independencia de que también exista un daño material. De lo anterior, es claro que la ley concede una amplia gama de prerrogativas y poderes a las personas, precisamente para garantizarles el goce de sus facultades y el respeto al desenvolvimiento de su personalidad física y moral, en tanto que dichas personas poseen esos atributos inherentes a su condición que son cualidades o bienes de la personalidad reconocidos por la ley y tutelados a través de la determinación del deber general de respeto que impone a los terceros y que, como se ve, se tradujo en la concesión de un derecho subjetivo para obtener la reparación del daño moral en caso de que se atente en contra de las legítimas afecciones y creencias de las personas contra su honor o reputación. Ahora bien, respecto de las personas individuales o físicas los derechos de la personalidad inherentes a su condición que se ven tutelados frente a los demás son los ya relacionados, es decir, los sentimientos, afec-

35 https://sjf2.scjn.gob.mx/detalle/tesis/183864

tos, creencias, decoro, honor, reputación, vida privada, configuración, aspectos físicos y la consideración que de la persona tienen los demás. En cambio, tratándose de sociedades mercantiles o comerciantes consideradas como tales, los bienes o valores que se protegen en el citado artículo son su reputación, la razón social, el prestigio y la libertad contractual, pues dichas sociedades al gozar de personalidad tienen el derecho de que les sean respetados los bienes inherentes a la misma, ya que son el fundamento de su existencia y actividad. Sin embargo, no es suficiente que una sociedad mercantil se estime atacada o vulnerada en su prestigio o crédito comercial, para que se considere titular de la acción judicial y pedir la reparación del daño moral, es decir, que la sociedad mercantil tenga sólo la creencia subjetiva de la imagen que de sí misma tienen los demás, sino que debe justificarse que esa imagen es la que realmente tienen de ella las otras personas, dado que como ya se ha puntualizado lo que se protege por la ley es que los valores de la personalidad no sufran ninguna afectación ante la sociedad, de tal manera que la imagen que se tenía de la persona se mantenga intacta y no se vea mermada ante los demás. DÉCIMO PRIMER TRIBUNAL COLEGIADO EN MATERIA CIVIL DEL PRIMER CIRCUITO.

Amparo directo 519/2002. Transportes Aéreos Pegaso, S.A. de C.V. 30 de enero de 2003. Unanimidad de votos. Ponente: Indalfer Infante Gonzales. Secretaria: María Luz Silva Santillán. Con la salvedad de la Magistrada María del Carmen Sánchez Hidalgo, quien en relación con el tema contenido en esta tesis estimó que las sociedades mercantiles sí están legitimadas para reclamar la reparación del daño moral, fundándose para ello en las consideraciones contenidas en la salvedad que se transcribe en esta misma publicación.

Nota: Esta tesis contendió en la contradicción 125/2004-PS que fue declarada sin materia por la Primera Sala, toda vez que sobre el tema tratado existe la tesis 1a./J. 6/2005, que aparece publicada en el Semanario Judicial de la Federación y su Gaceta, Novena Época, Tomo XXI, Abril de 2005, página 155, con el rubro: "DAÑO MORAL. LAS PERSONAS MORALES ESTÁN LEGITIMADAS PARA DEMANDAR SU REPARACIÓN EN CASO QUE SE AFECTE LA CONSIDERACIÓN QUE TIENEN LOS DEMÁS RESPECTO DE ELLAS (ARTÍCULO 1916 DEL CÓDIGO CIVIL PARA EL DISTRITO FEDERAL)."

Tesis

Registro digital: 185414

Instancia: Tribunales Colegiados de Circuito

Novena Época

Materia(s): Civil

Fuente: Semanario Judicial de la Federación y su Gaceta. Tomo XVI, Diciembre de 2002, página 765

Tipo: Aislada[36]

DAÑO MORAL, LAS SOCIEDADES MERCANTILES PUEDEN RECLAMAR INDEMNIZACIÓN POR.

El artículo 3o., fracción II, del Código de Comercio establece que son comerciantes las sociedades constituidas con arreglo a las leyes mercantiles; y todas las sociedades a que se refiere el artículo 1o. de la Ley General de Sociedades Mercantiles adquieren personalidad al ostentarse públicamente como tales, ya sea a través de su inscripción en el Registro Público de Comercio o al celebrar contratos con terceros, desprendiéndose su personalidad tanto del artículo 2o. de la aludida ley mercantil como de los artículos 25, fracción III y 26 del Código Civil para el Distrito Federal, pudiendo ejercer todos los derechos que sean necesarios para realizar el objeto de su institución, dentro de los que evidentemente se encuentra el de iniciar un procedimiento judicial para defender su prestigio o reputación; por consiguiente, si con motivo de un hecho ilícito por intención o por negligencia se ataca alguno o algunos de los derechos inherentes a su propia personalidad, como son, entre otros, su reputación, la razón social, el prestigio y la libertad contractual, que precisamente son el fundamento de su existencia y de su actividad, resulta claro que tal conducta engendra un verdadero daño moral en términos del artículo 1916 del último ordenamiento legal, que le da derecho a reclamar la indemnización correspondiente, ya que el daño moral se caracteriza precisamente por la violación de uno o varios derechos inherentes a la personalidad de un sujeto de derecho.

---

36 https://sjf2.scjn.gob.mx/detalle/tesis/185414

DÉCIMO TERCER TRIBUNAL COLEGIADO EN MATERIA CIVIL DEL PRIMER CIRCUITO.

Amparo directo 71/2002. Alejandra Acimovic Popovic. 11 de junio de 2002. Mayoría de votos. Disidente: Arturo Ramírez Sánchez. Ponente: Martín Antonio Ríos. Secretario: Gabriel Zúñiga Roque.

Tesis

Registro digital: 2025633

Instancia: Primera Sala

Undécima Época

Materia(s): Constitucional, Civil

Tesis: 1a./J. 165/2022 (11a.)

Fuente: Gaceta del Semanario Judicial de la Federación. Libro 20, Diciembre de 2022, Tomo I, página 599

Tipo: Jurisprudencia[37]

DAÑO MORAL. SE DETERMINA POR EL CARÁCTER EXTRAPATRIMONIAL DE LA AFECTACIÓN Y TIENE DIFERENTES CONSECUENCIAS Y MODOS DE PRUEBA.

Hechos: Una persona presentó una demanda de responsabilidad civil objetiva por la muerte de su hermano, quien fue atropellado por un automóvil conducido por un adolescente. En primera instancia, se condenó solidariamente a los demandados (padre y madre del adolescente y aseguradora) a indemnizar tanto el daño patrimonial como el daño moral. Tras la apelación y la interposición de juicios de amparo por ambas partes, el respectivo Tribunal Colegiado de Circuito concedió el amparo únicamente a los demandados. Desde su punto de vista y contrario a las decisiones previas, de conformidad con el Código Civil para el Estado de Sonora, en la responsabilidad extracontractual objetiva no es posible condenar por daño moral al no existir un hecho ilícito. En desacuerdo con esta decisión, se presentó un recurso de revisión.

---

37 https://sjf2.scjn.gob.mx/detalle/tesis/2025633

Criterio jurídico: La Primera Sala de la Suprema Corte de Justicia de la Nación determina que siguiendo lo fallado en diversos precedentes, por sus propias características, el daño moral no es ajeno a la responsabilidad objetiva ni pende del daño material, se determina por el carácter extrapatrimonial de la afectación y tiene diferentes consecuencias y modos de prueba.

Justificación: De conformidad con lo fallado por la Primera Sala de la Suprema Corte de Justicia de la Nación en una gran variedad de precedentes, en particular, en los amparos directos 8/2012, 30/2013 y 31/2013, se considera que en la responsabilidad civil extracontractual (tanto subjetiva como objetiva) se pueden causar daños patrimoniales o denominados materiales. No obstante, también es posible que concurran otro tipo de afectaciones no pecuniarias a las que se les ha otorgado derecho a la reparación: los aludidos daños morales o inmateriales. Éstos centran su objeto y contenido en los intereses no patrimoniales o espirituales que pueden verse afectados; por lo que se definen como la lesión a un derecho o interés no patrimonial (o espiritual) que es presupuesto de un derecho subjetivo. Conceptualización que permite distinguir entre el daño en sentido amplio (la lesión a un derecho o un interés extrapatrimonial) y el daño en sentido estricto (sus consecuencias o perjuicios); lo que implica que una cuestión es el interés afectado (daño moral en sentido amplio) y, otra, las consecuencias que la afectación produce (los perjuicios causados por ese daño). Así, para efectos de su valoración en cada caso concreto, es posible advertir ciertas características del daño moral que se consideran relevantes: (i) hay tipos de daño moral de acuerdo al interés afectado; a saber, el daño moral es un género, el cual se divide en tres especies relativas al daño al honor, daños estéticos y daños a los sentimientos; (ii) el daño moral puede tener consecuencias patrimoniales y extrapatrimoniales, así como consecuencias presentes y futuras; (iii) el daño moral es independiente del daño material y puede darse tanto por responsabilidad contractual como extracontractual; y (iv) para ser indemnizable, el daño debe ser cierto y personal, lo que quiere decir que sólo la persona que sufre la afectación (de manera directa o indirecta) puede reclamar su resarcimiento. Tipo de daño que a su vez debe ser probado, aunque no necesariamente a través de pruebas directas. Es decir, por regla general, el daño moral debe ser probado al ser un elemento constitutivo de la pretensión de los actores. Sin embargo, tal regla no implica que el daño moral deba ser forzosamente probado por pruebas directas. El daño puede acreditarse indirectamente, lo cual es lo más común por la naturaleza de los intereses involucrados. Por ejemplo, en determinados supuestos, existe la posibilidad de que ciertos daños morales sean presumidos ante la dificultad de probar tal tipo de daño moral relacionado con intereses extrapatrimoniales; lo que quiere decir que bastará probar el evento lesivo y el carácter del actor para que opere la presunción y el daño moral se tenga por probado y, consecuentemente, será el demandado quien deberá desahogar pruebas para revertir la presunción de la existencia del daño.

Amparo directo en revisión 538/2021. Irma del Carmen Campoy Salguero y otro. 10 de noviembre de 2021. Cinco votos de las Ministras Norma Lucía Piña Hernández y Ana Margarita Ríos Farjat, y los Ministros Juan Luis González Alcántara Carrancá, quien formuló voto concurrente, Jorge Mario Pardo Rebolledo y Alfredo Gutiérrez Ortiz Mena. Ponente: Ministro Alfredo Gutiérrez Ortiz Mena. Secretario: Miguel Antonio Núñez Valadez.

Tesis de jurisprudencia 165/2022 (11a.). Aprobada por la Primera Sala de este Alto Tribunal, en sesión privada de treinta de noviembre de dos mil veintidós.

Nota: La sentencia dictada en el amparo directo en revisión 538/2021, aparece publicada en el Semanario Judicial de la Federación del viernes 26 de agosto de 2022 a las 10:34 horas y en la Gaceta del Semanario Judicial de la Federación, Undécima Época, Libro 16, Tomo III, agosto de 2022, página 2534, con número de registro digital: 30855.

La parte conducente de la sentencia dictada en el amparo directo 8/2012 citada, aparece publicada en Semanario Judicial de la Federación y su Gaceta, Novena Época, Libro XIII, Tomo 2, octubre de 2012, página 732, con número de registro digital: 23866.

Esta tesis se publicó el viernes 09 de diciembre de 2022 a las 10:21 horas en el Semanario Judicial de la Federación y, por ende, se considera de aplicación obligatoria a partir del lunes 12 de diciembre de 2022, para los efectos previstos en el punto noveno del Acuerdo General Plenario 1/2021.

Tesis

Registro digital: 2027015

Instancia: Primera Sala

Undécima Época

Materia(s): Constitucional, Civil

Tesis: 1a./J. 109/2023 (11a.)

Fuente: Semanario Judicial de la Federación.

Tipo: Jurisprudencia[38]

DAÑO MORAL. LINEAMIENTOS GENERALES PARA SU CUANTIFICACIÓN.

Hechos: Una persona presentó una demanda de responsabilidad civil objetiva por la muerte de su hijo con motivo de una descarga eléctrica. En primera instancia se absolvió a la demandada principal y a la aseguradora. En apelación, el Tribunal Unitario de Circuito declaró la improcedencia de la indemnización por daño patrimonial; sin embargo, condenó a las demandadas por daño moral, fijando su cuantificación en correlación con el monto que hubiere correspondido al daño material. El actor promovió un juicio de amparo, el cual fue negado. Para el Tribunal Colegiado de Circuito del conocimiento fue correcta la forma en que se cuantificó el daño moral. En desacuerdo con esta decisión, se interpuso un recurso de revisión.

Criterio jurídico: La Primera Sala de la Suprema Corte de Justicia de la Nación determina que existen ciertos lineamientos generales para la cuantificación del daño moral; esto, en atención a lo fallado en una gran diversidad de precedentes, como los amparos directos 30/2013, 31/2013 y 50/2015 y los amparos directos en revisión 4555/2013, 4646/2014, 593/2015, 5826/2015, 4332/2018, 5490/2016, 538/2021 y 539/2021, entre otros.

Justificación: Por lo que hace a la cuantificación del daño moral, los precedentes de esta Suprema Corte de Justicia de la Nación han delineado las siguientes pautas generales: 1) Debe

38 https://sjf2.scjn.gob.mx/detalle/tesis/2027015

buscarse en todo momento la reparación integral del daño moral. No se aceptan límites o topes legales previamente establecidos o parámetros base sin posibilidad de modificación o valoración casuística por parte del juzgador. 2) En caso de condenarse a una indemnización, ésta debe ser integral, equitativa y justa, así como cubrirse de forma expedita una vez que sea exigible. 3) No se puede condicionar, sujetar, asimilar o limitar el daño moral a la indemnización por daño material, pues cada uno responde a sus propias particularidades. Consecuentemente, la persona juzgadora debe ser especialmente meticulosa para no sobredimensionar el monto indemnizatorio que corresponde a este tipo de daño. El daño moral no es un cajón de sastre para que, ante la dificultad de cuantificar otro tipo de daño como el patrimonial (en específico, lo que corresponde a la partida de lucro cesante), se fijen condenas más elevadas bajo una pretendida satisfacción de este derecho o interés extrapatrimonial, pero que en realidad buscan corregir los problemas de cuantificación del daño patrimonial. Además, toda vez que el daño inmaterial puede tener consecuencias de índole patrimonial, la persona juzgadora debe tener cuidado en no traslapar o duplicar la indemnización que corresponda al daño patrimonial de aquella que corresponda a la partida patrimonial del daño moral. 4) No se debe confundir la valoración de la existencia de los daños morales con la cuantificación de la compensación que le corresponde. Son operaciones conceptualmente distintas. 5) Los elementos de cuantificación de una indemnización previstos legalmente (como los establecidos en el artículo 1916, párrafo cuarto, del Código Civil Federal y en normas estatales análogas) son factores meramente indicativos. Es una guía para el actuar de las personas juzgadoras, partiendo de la función y la finalidad del derecho a la reparación del daño moral. 6) Debe distinguirse la aplicabilidad de los elementos de cuantificación de una indemnización tratándose de un caso de responsabilidad civil subjetiva de uno de responsabilidad civil objetiva. Dependiendo del tipo de caso, pueden existir variaciones o acotaciones a los elementos de cuantificación de la indemnización del daño moral; por ejemplo, lo relativo al grado de responsabilidad. 7) La persona juzgadora al momento de condenar a daños morales debe respetar y proteger el derecho a la igualdad jurídica; lo que implica que ante casos iguales debe imponer condenas iguales. 8) Debe salvaguardarse, a su vez, el principio imperante en el derecho de daños de no sobre indemnización de la víctima o enriquecimiento injustificado. 9) Finalmente, pueden existir casos en los que sea posible reducir la respectiva indemnización del daño moral que tendría que aplicarse en atención al derecho a la reparación integral. Esta situación es de carácter estrictamente excepcional y se activará cuando en el juicio se demuestre que la indemnización que proceda generará una carga opresiva para el responsable a la luz de la situación económica de las partes; en particular, a fin de proteger el derecho al mínimo vital. Una condena por daño moral no puede implicar que se le niegue a la persona responsable la posibilidad de satisfacer sus necesidades más básicas y las de su familia. Siendo importante diferenciar la aplicación de esta disposición por lo que hace a los seres humanos y a las personas morales; en específico, si el responsable directo o solidario es un agente de seguros. Las aseguradoras no pueden exigir esta reducción por lo que a su ámbito se refiere ya que, contractualmente, deben responder por el total de la suma asegurada.

PRIMERA SALA.

Amparo directo en revisión 2558/2021. Antonino Salinas Mejía. 19 de enero de 2022. Cinco votos de las Ministras Norma Lucía Piña Hernández y Ana Margarita Ríos Farjat, y los Ministros Juan Luis González Alcántara Carrancá, Jorge Mario Pardo Rebolledo, quien formuló voto concurrente, y Alfredo Gutiérrez Ortiz Mena. Ponente: Ministro Alfredo Gutiérrez Ortiz Mena. Secretario: Miguel Antonio Núñez Valadez.

Tesis de jurisprudencia 109/2023 (11a.). Aprobada por la Primera Sala de este Alto Tribunal, en sesión privada de nueve de agosto de dos mil veintitrés.

Nota: La parte conducente de las sentencias relativas a los amparos directos en revisión 5826/2015 y 538/2021 citadas, aparecen publicadas en el Semanario Judicial de la Federación de los viernes 21 de abril de 2017 a las 10:25 horas y 26 de agosto de 2022 a las 10:34 horas, así como en la Gaceta del Semanario Judicial de la Federación, Décima Época, Libro 41, Tomo I, abril de 2017, página 731 y Undécima Época, Libro 16, Tomo III, agosto de 2022, página 2534, con números de registro digital: 27068 y 30855, respectivamente.

Esta tesis se publicó el viernes 18 de agosto de 2023 a las 10:26 horas en el Semanario Judicial de la Federación y, por ende, se considera de aplicación obligatoria a partir del lunes

21 de agosto de 2023, para los efectos previstos en el punto noveno del Acuerdo General Plenario 1/2021.

Tesis

Registro digital: 2027016

Instancia: Primera Sala

Undécima Época

Materia(s): Constitucional, Civil

Tesis: 1a./J. 103/2023 (11a.)

Fuente: Semanario Judicial de la Federación.

Tipo: Jurisprudencia[39]

DAÑO MORAL. PARA SU CUANTIFICACIÓN EL ELEMENTO RELATIVO AL GRADO DE RESPONSABILIDAD TIENE UN ALCANCE DISTINTO EN LA RESPONSABILIDAD SUBJETIVA Y EN LA OBJETIVA.

Hechos: Una persona presentó una demanda de responsabilidad civil objetiva por la muerte de su hijo con motivo de una descarga eléctrica. En primera instancia se absolvió a la demandada principal y a la aseguradora. En apelación, el Tribunal Unitario de Circuito declaró la improcedencia de la indemnización por daño patrimonial; sin embargo, condenó a las demandadas por daño moral, fijando su cuantificación en correlación con el monto que hubiere correspondido al daño material. El actor promovió un juicio de amparo, el cual fue negado. Para el Tribunal Colegiado de Circuito del conocimiento fue correcta la forma en que se cuantificó el daño moral. En desacuerdo con esta decisión, se interpuso un recurso de revisión.

Criterio jurídico: La Primera Sala de la Suprema Corte de Justicia de la Nación determina que la valoración del parámetro de cuantificación del daño moral relativo al "grado de responsabilidad" tiene un alcance distinto en la responsabilidad subjetiva y en la objetiva.

39 https://sjf2.scjn.gob.mx/detalle/tesis/2027016

Justificación: Existen ciertas particularidades por lo que hace al grado de responsabilidad como factor para cuantificar el daño moral dependiendo del tipo de régimen de responsabilidad extracontractual. Por lo que hace al régimen de responsabilidad subjetiva, la influencia del grado de responsabilidad es determinante para la cuantificación de la indemnización y su operatividad, la cual ya fue analizada en el amparo directo 30/2013. No obstante, en torno a la responsabilidad extracontractual objetiva, para efectos de respetar el derecho a la legalidad y a la reparación integral, el grado de responsabilidad no opera de la misma forma que en la responsabilidad extracontractual subjetiva. En la generalidad de los casos, lógicamente el "grado de responsabilidad" no influye o no debería influir en el monto indemnizatorio derivado de esa responsabilidad objetiva. La condena se da por el mero riesgo creado (y la relación causal) y la identificación/valoración del tipo de derecho afectado, la intensidad, duración y consecuencias del daño, así como la situación económica de la víctima/responsable, entre otros posibles elementos, darán lugar a una compensación integral del respectivo daño moral sufrido por la víctima. Esto es así, ya que en el modelo de responsabilidad objetiva se parte de la idea de que, con independencia del elemento subjetivo, la reparación y su monto deben abarcar la satisfacción de todo perjuicio causado (la reparación se presupone integral). Si no se aceptara esta distinción entre los regímenes de responsabilidad civil, prácticamente en cualquier escenario de responsabilidad objetiva cabría aumentar el monto indemnizatorio cuando se identifique algún grado de responsabilidad (que incluye supuestos leves, medios y altos) y eso podría llevar a una sobre indemnización de la víctima en detrimento de los derechos del agente dañador. Incluso, se invertiría la lógica que impera aun en un régimen de responsabilidad civil objetiva, ya que se volvería a la responsabilidad civil objetiva más sancionatoria que compensatoria, al poderse aplicar ese régimen de disuasión en todos los casos de responsabilidad civil objetiva; incluyendo en los que la actividad es lícita. Por consiguiente, la valoración del grado de responsabilidad debe tener un efecto limitado en la responsabilidad objetiva.

PRIMERA SALA.

Amparo directo en revisión 2558/2021. Antonino Salinas Mejía. 19 de enero de 2022. Cinco votos de las Ministras Norma Lucía Piña Hernández y Ana Margarita Ríos Farjat, y los

Ministros Juan Luis González Alcántara Carrancá, Jorge Mario Pardo Rebolledo, quien formuló voto concurrente, y Alfredo Gutiérrez Ortiz Mena. Ponente: Ministro Alfredo Gutiérrez Ortiz Mena. Secretario: Miguel Antonio Núñez Valadez.

Tesis de jurisprudencia 103/2023 (11a.). Aprobada por la Primera Sala de este Alto Tribunal, en sesión privada de nueve de agosto de dos mil veintitrés.

Esta tesis se publicó el viernes 18 de agosto de 2023 a las 10:26 horas en el Semanario Judicial de la Federación y, por ende, se considera de aplicación obligatoria a partir del lunes 21 de agosto de 2023, para los efectos previstos en el punto noveno del Acuerdo General Plenario 1/2021.

Tesis

Registro digital: 2027017

Instancia: Primera Sala

Undécima Época

Materia(s): Constitucional, Civil

Tesis: 1a./J. 105/2023 (11a.)

Fuente: Semanario Judicial de la Federación.

Tipo: Jurisprudencia[40]

DAÑO MORAL. PARA SU CUANTIFICACIÓN, EL FACTOR RELATIVO A LAS DEMÁS CIRCUNSTANCIAS DEL CASO ENGLOBA PARTICULARIDADES QUE PUEDEN GUARDAR RELACIÓN CON ALGUNO DE LOS OTROS PARÁMETROS.

Hechos: Una persona presentó una demanda de responsabilidad civil objetiva por la muerte de su hijo con motivo de una descarga eléctrica. En primera instancia se absolvió a la demandada principal y a la aseguradora. En apelación, el Tribunal Unitario de Circuito declaró la improcedencia de la indemnización por daño patrimonial; sin embargo, condenó a las demandadas por daño moral, fijando su cuantificación en correlación con el monto que hubiere correspondido al daño

40 https://sjf2.scjn.gob.mx/detalle/tesis/2027017

material. El actor promovió un juicio de amparo, el cual fue negado. Para el Tribunal Colegiado de Circuito del conocimiento fue correcta la forma en que se cuantificó el daño moral. En desacuerdo con esta decisión, se interpuso un recurso de revisión.

Criterio jurídico: La Primera Sala de la Suprema Corte de Justicia de la Nación determina que el factor relativo a las "demás circunstancias del caso", como elemento relevante para la cuantificación de los daños morales, engloba particularidades que pueden guardar relación con alguno de los otros parámetros de cuantificación reconocidos jurisprudencialmente.

Justificación: Existen elementos de valoración para la cuantificación del daño moral que no pueden ser previstos de manera genérica y que, en muchas ocasiones, guardan relación con alguno de los otros parámetros de cuantificación del daño moral. Por ejemplo, en relación con la importancia del valor o interés afectado y la gravedad del daño, la experiencia jurisprudencial comparada ha mostrado que hay diferentes circunstancias que pueden valorarse dependiendo de si se trata del daño moral derivado de la muerte de un familiar o el daño moral que se exige a partir de meros daños estéticos, daños al honor o daños por lesiones corporales. En el caso de muerte, se valoran como otras circunstancias relevantes aspectos como cuál era la edad de la persona fallecida; qué familiar es la persona que exige la reparación del daño; si la persona perjudicada moralmente es único en su categoría (por ejemplificar, que sea un hijo único) o si se trata del único familiar; si a partir del mismo hecho fallecieron ambos progenitores o si el que fallece es un hijo único o una persona embarazada; si la persona que resiente el daño moral se trata de una persona con discapacidad o un niño, niña o adolescente; así como cuáles son las personas que son sujetas del daño moral con motivo del fallecimiento y que se encuentran legitimadas para exigirlo, entre otra gran variedad de circunstancias. Dependiendo si se actualiza o no cada una de estas circunstancias, se aprecia la gravedad e intensidad del daño y, con ello, el respectivo monto de cuantificación de la indemnización. Por ejemplo, no es la misma aflicción cuando fallecen ambos progenitores en un mismo accidente que cuando fallece uno de ellos. Tampoco es la misma valoración cuando existen varios familiares que sufren el daño moral con motivo del fallecimiento de una persona que cuando el afectado es único o cuando la persona que exige la reparación se trata de un hijo o hija o es más bien un pariente en cuarto grado cuya convivencia con la persona fallecida era casual.

PRIMERA SALA.

Amparo directo en revisión 2558/2021. Antonino Salinas Mejía. 19 de enero de 2022. Cinco votos de las Ministras Norma Lucía Piña Hernández y Ana Margarita Ríos Farjat, y los Ministros Juan Luis González Alcántara Carrancá, Jorge Mario Pardo Rebolledo, quien formuló voto concurrente, y Alfredo Gutiérrez Ortiz Mena. Ponente: Ministro Alfredo Gutiérrez Ortiz Mena. Secretario: Miguel Antonio Núñez Valadez.

Tesis de jurisprudencia 105/2023 (11a.). Aprobada por la Primera Sala de este Alto Tribunal, en sesión privada de nueve de agosto de dos mil veintitrés.

Esta tesis se publicó el viernes 18 de agosto de 2023 a las 10:26 horas en el Semanario Judicial de la Federación y, por ende, se considera de aplicación obligatoria a partir del lunes 21 de agosto de 2023, para los efectos previstos en el punto noveno del Acuerdo General Plenario 1/2021.

Tesis

Registro digital: 2027018

Instancia: Primera Sala

Undécima Época

Materia(s): Constitucional, Civil

Tesis: 1a./J. 108/2023 (11a.)

Fuente: Semanario Judicial de la Federación.

Tipo: Jurisprudencia[41]

DAÑO MORAL. PARA SU CUANTIFICACIÓN NO ES VIABLE OTORGAR UN VALOR PORCENTUAL PREDETERMINADO A CADA UNO DE LOS PARÁMETROS ESTABLECIDOS EN EL ARTÍCULO 1916, CUARTO PÁRRAFO, DEL CÓDIGO CIVIL FEDERAL.

---

41 https://sjf2.scjn.gob.mx/detalle/tesis/2027018

Hechos: Una persona presentó una demanda de responsabilidad civil objetiva por la muerte de su hijo con motivo de una descarga eléctrica. En primera instancia se absolvió a la demandada principal y a la aseguradora. En apelación, el Tribunal Unitario de Circuito declaró la improcedencia de la indemnización por daño patrimonial; sin embargo, condenó a las demandadas por daño moral, fijando su cuantificación en correlación con el monto que hubiere correspondido al daño material. Para ello determinó una indemnización base; posteriormente, asignó a cada parámetro previsto en el cuarto párrafo del artículo 1916 del Código Civil Federal un veinte por ciento de ese total, para después señalar que en ciertos factores no se cumplía con ese porcentaje y que entonces en el caso se actualizaba únicamente un ochenta y cinco por ciento de la indemnización total. El actor promovió un juicio de amparo, el cual fue negado. Para el Tribunal Colegiado de Circuito del conocimiento fue correcta la forma en que se había cuantificado el daño moral. Esto, pues en nada afectaba que el monto indemnizatorio se hubiera determinado a partir de porcentajes. En desacuerdo con esta decisión, se interpuso un recurso de revisión.

Criterio jurídico: La Primera Sala de la Suprema Corte de Justicia de la Nación determina que, en atención al derecho a la reparación integral del daño, no es posible otorgar un valor porcentual predeterminado a los parámetros establecidos en el artículo 1916, cuarto párrafo, del Código Civil Federal para efectos de la cuantificación del daño moral.

Justificación: El referido precepto del Código Civil Federal detalla cinco parámetros para efectos de cuantificar el daño moral. En ese sentido, el hecho de que en una sentencia se fijen porcentajes para cada uno de esos factores (veinte por ciento por cada uno), si bien es una forma de explicar cómo se llegó a determinada cuantificación monetaria de la respectiva indemnización, lo cierto es que no se trata de una metodología correcta. Lo anterior es así, pues los elementos de grado de responsabilidad, derechos lesionados, situación económica del responsable, situación económica de la víctima y demás circunstancias del caso, son factores indicativos y no exhaustivos. Su enunciación simplemente pretende guiar el actuar de las personas juzgadoras, partiendo de la función y finalidad del derecho a la reparación del daño moral, sin que eso signifique que estos parámetros constituyen una base objetiva o exhaustiva en la determinación del quantum compensatorio. Además, son elementos que no pueden ser valorados acríticamente ni, mucho menos, pueden ser aplicados como si, a cada uno de éstos, le correspondiera un determinado porcentaje del monto de indemnización en todos los casos. Por el contrario, dada su propia conceptualización, cada elemento puede tener implicaciones diferenciadas en la forma de cuantificación del daño en cada caso concreto. No es lo mismo valorar cómo impacta a la compensación el tipo de derecho o interés lesionado y la gravedad del daño (la calidad o intensidad del sufrimiento o aflicción), que valorar cómo impacta o se integra a esa cuantificación el grado de responsabilidad del agente dañador o la situación económica de ese agente o de la víctima. Incluso, al ser factores indicativos, en cada caso se debe analizar si es aplicable o no el respectivo elemento de cuantificación y cómo influye o no cada uno de ellos en el monto indemnizatorio, dependiendo también del régimen de responsabilidad civil de que se trate. Por ejemplo, el grado de responsabilidad no tiene las mismas implicaciones para un supuesto de responsabilidad subjetiva que para uno de responsabilidad objetiva. A su vez, en cada caso concreto es diferente el examen e impacto en el monto indemnizatorio que puede tener la situación económica del agente dañador. Además, como se ha resuelto en anteriores precedentes, la situación económica de la víctima sólo puede ser atendida en los perjuicios patrimoniales del daño moral. Las angustias, las aflicciones, las humillaciones, el padecimiento o el dolor son las mismas para cualquier persona (siempre y cuando se trate del mismo derecho o interés extrapatrimonial afectado y la misma gravedad), con independencia de su nivel socioeconómico. Por ende, dependerá de lo que se acredite en juicio en relación con esos perjuicios patrimoniales del daño moral, que la persona juzgadora integrará o no el monto que pretenda cubrir dichos perjuicios al quantum de la indemnización.

PRIMERA SALA.

Amparo directo en revisión 2558/2021. Antonino Salinas Mejía. 19 de enero de 2022. Cinco votos de las Ministras Norma Lucía Piña Hernández y Ana Margarita Ríos Farjat, y los Ministros Juan Luis González Alcántara Carrancá, Jorge Mario Pardo Rebolledo, quien formuló voto concurrente, y Alfredo Gutiérrez Ortiz Mena. Ponente: Ministro Alfredo Gutiérrez Ortiz Mena. Secretario: Miguel Antonio Núñez Valadez.

Tesis de jurisprudencia 108/2023 (11a.). Aprobada por la Primera Sala de este Alto Tribunal, en sesión privada de nueve de agosto de dos mil veintitrés.

Esta tesis se publicó el viernes 18 de agosto de 2023 a las 10:26 horas en el Semanario Judicial de la Federación y, por ende, se considera de aplicación obligatoria a partir del lunes 21 de agosto de 2023, para los efectos previstos en el punto noveno del Acuerdo General Plenario 1/2021.

Tesis

Registro digital: 2027019

Instancia: Primera Sala

Undécima Época

Materia(s): Constitucional, Civil

Tesis: 1a./J. 107/2023 (11a.)

Fuente: Semanario Judicial de la Federación.

Tipo: Jurisprudencia[42]

DAÑO MORAL. SU CUANTIFICACIÓN NO PUEDE LIMITARSE O CONDICIONARSE A LA QUE CORRESPONDE AL DAÑO PATRIMONIAL.

Hechos: Una persona presentó una demanda de responsabilidad civil objetiva por la muerte de su hijo con motivo de una descarga eléctrica. En primera instancia se absolvió a la demandada principal y a la aseguradora. En apelación, el Tribunal Unitario de Circuito declaró la improcedencia de la indemnización por daño patrimonial; sin embargo, condenó a las demandadas por daño moral, fijando su cuantificación en correlación con el monto que hubiere correspondido al daño material. El actor promovió un juicio de amparo, el cual fue negado. Para el Tribunal Colegiado de Circuito del conocimiento, el hecho de que se señalara que el monto del daño moral debía corresponder a una cantidad similar a la percibida por concepto de responsabilidad patrimonial, no radicaba en

42 https://sjf2.scjn.gob.mx/detalle/tesis/2027019

un tope, sino únicamente se utilizó como referencia o parámetro orientador. En desacuerdo con esta decisión, se interpuso un recurso de revisión.

Criterio jurídico: La Primera Sala de la Suprema Corte de Justicia de la Nación determina que, en atención al derecho a la reparación integral del daño, la cuantificación del daño moral no puede limitarse o condicionarse a la que corresponde al daño patrimonial.

Justificación: Tomando en cuenta las características del daño moral y lo previsto en el artículo 1916 del Código Civil Federal para su cuantificación, se estima que relacionar el daño material con el daño moral y utilizar el monto del primero como un parámetro para cuantificar el segundo, es no atender ni entender las particularidades de cada uno de esos daños ni el alcance del derecho a la reparación integral. Aunque pueden provenir de un mismo hecho, el daño moral es autónomo del daño material. Así, ni siquiera el legislador puede condicionar la indemnización del daño moral a cierto porcentaje de la del daño material, ya que eso implicaría una violación al derecho a la reparación integral. Además, son distintos los intereses protegidos en torno al daño material y al inmaterial. Bajo esa lógica, no guarda ninguna relación para efectos del respectivo monto indemnizatorio el que corresponde a las emociones y sentimientos con la disminución del patrimonio ocasionado por el hecho ilícito. Por lo tanto, de acuerdo a las circunstancias de cada asunto, es la persona juzgadora la que debe determinar la cuantificación del correspondiente daño moral siguiendo las pautas establecidas por el legislador, precisamente para satisfacer el derecho a una reparación integral y las innumerables particularidades que pueden surgir en cada caso concreto

PRIMERA SALA.

Amparo directo en revisión 2558/2021. Antonino Salinas Mejía. 19 de enero de 2022. Cinco votos de las Ministras Norma Lucía Piña Hernández y Ana Margarita Ríos Farjat, y los Ministros Juan Luis González Alcántara Carrancá, Jorge Mario Pardo Rebolledo, quien formuló voto concurrente, y Alfredo Gutiérrez Ortiz Mena. Ponente: Ministro Alfredo Gutiérrez Ortiz Mena. Secretario: Miguel Antonio Núñez Valadez.

Tesis de jurisprudencia 107/2023 (11a.). Aprobada por la Primera Sala de este Alto Tribunal, en sesión privada de nueve de agosto de dos mil veintitrés.

Esta tesis se publicó el viernes 18 de agosto de 2023 a las 10:26 horas en el Semanario Judicial de la Federación y, por ende, se considera de aplicación obligatoria a partir del lunes 21 de agosto de 2023, para los efectos previstos en el punto noveno del Acuerdo General Plenario 1/2021.

Tesis

Registro digital: 2018207

Instancia: Tribunales Colegiados de Circuito

Décima Época

Materia(s): Administrativa

Tesis: I.4o.A.136 A (10a.)

Fuente: Gaceta del Semanario Judicial de la Federación.

Libro 59, Octubre de 2018, Tomo III, página 2484

Tipo: Aislada

RESPONSABILIDAD PATRIMONIAL DEL ESTADO. PARA CUANTIFICAR EL MONTO DE LA INDEMNIZACIÓN RELATIVA POR DAÑO MATERIAL, DEBEN TOMARSE EN CONSIDERACIÓN EL LUCRO CESANTE Y EL DAÑO EMERGENTE.

La Corte Interamericana de Derechos Humanos estableció que la reparación integral del daño implica el restablecimiento de la situación anterior y la eliminación de los efectos que la violación produjo, así como una indemnización por los daños causados. En este sentido, señaló que "el daño material" supone la pérdida o detrimento de los ingresos de la víctima, los gastos efectuados con motivo de los hechos y las consecuencias de carácter pecuniario que tengan un nexo causal con los hechos consecuentes, el cual comprende, por un lado, el lucro cesante, que se refiere a la pérdida de ingresos de la víctima directa o indirecta y, por otro, el daño emergente, que enmarca los pagos y gastos en los que han incurrido la víctima o sus familiares. Por tanto, para cuantificar el monto de la indemnización por daño material derivada de la responsabilidad patrimonial del Estado, que corresponde por ejemplo, a una persona a quien se le amputó una extremidad como consecuencia de la actividad administrativa irregular del Estado, deben tomarse en consideración el lucro cesante y el daño emergente.

CUARTO TRIBUNAL COLEGIADO EN MATERIA ADMINISTRATIVA DEL PRIMER CIRCUITO

Amparo directo 418/2017. Inés Georgina Lledias Velasco y otra. 28 de junio de 2018. Unanimidad de votos. Ponente: Jean Claude Tron Petit. Secretaria: Aideé Pineda Núñez.

Esta tesis se publicó el viernes 19 de octubre de 2018 a las 10:29 horas en el Semanario Judicial de la Federación.

Capitulo V.

Resarcimiento, indemnización o reparación?

1. RESARCIMIENTO

El resarcimiento, es una reparación, compensación o indemnización. Acción de indemnizar los daños y perjuicios causados. Sinónimo de indemnización.

Según la real academia española resarcir es: "dar, u obtener, una compensación por un daño o perjuicio"

Resarcimiento [43]es la acción y efecto de resarcir. Este verbo, con origen en un vocablo latino y hace referencia a reparar, compensar o indemnizar un daño o perjuicio. El resarcimiento, por lo tanto, es una reparación, compensación o indemnización.

El resarcimiento está vinculado directamente con la reparación del daño, es un deterioro hacia un bien jurídico y que puede en un momento dado restituirse, sin embargo, hay cosas, situaciones, objetos que no se pueden resarcir o reponer, entonces si no se puede resarcir, se debe indemnizar, es decir pagar en dinero ese resarcimiento, esa indemnización es una manera de sustituir el resarcimiento de la cosa, el bien, situación u objeto que no se puede reponer, es una forma alterna de resarcimiento.

---

43 https://definicion.de/resarcimiento/

Por ejemplo: un valioso cuadro que su pintura es única y se deteriora es imposible su resarcimiento, en cambio si se cae ese cuadro y se rompe el vidrio y se rompe la pintura entonces no se puede resarcir, pero si se puede indemnizar.

En otro ejemplo, si por un daño (hecho o acto ilícito), y hay una muerte, una violación o lesiones graves irreversibles, entonces en la reparación del daño no cabría el resarcimiento, pero si la indemnización.

2. INDEMNIZACIÓN

De las obligaciones que nacen de los hechos o actos ilícitos (responsabilidad civil), resulta necesario señalar que cuando se cause un daño a otro, existe la obligación de repararlo, esto, a través de una indemnización, es decir, de un pago en dinero, y si esos daños también generaron perjuicios, también se deben cubrir a través de la indemnización. Se trata de una responsabilidad que el deudor debe cumplir derivado de esa responsabilidad, justamente a través de la indemnización.

El daño surge a través de una responsabilidad contractual porque una obligación contenida en el instrumento no se cumplió y derivado de ello, se generó un daño y por consecuencia un resarcimiento, si esto es posible; igualmente tiene la obligación de repararlo cuando se han cometido hechos o actos ilícitos que generaron el daño y el perjuicio a la victima o acreedor, a través de un pago en dinero para reparar el daño ocasionado; de tal suerte que puede existir dentro de la reparación, como ya lo comentamos, una indemnización o un resarcimiento o las dos cosas, ejemplo de ello: Si una persona sufrió un daño por un acto o hecho ilícito y se le cayo un diente, el dentista le restituyo el diente a través de un procedimiento quirúrgico, pero el afectado dejo de trabajar varios días derivado de esa lesión, entonces, procedería una indemnización por los días que dejo de percibir sus ingresos.

3. REPARACIÓN

Que es la reparación del daño?

Es una pena pecuniaria que consiste en la obligación impuesta a una persona de restablecer el statu quo ante y resarcir los perjuicios derivados de su delito (Diccionario Jurídico Mexicano. Instituto de Investigaciones Jurídicas página 2791.)

Trataremos de establecer las diferencias entre reparación, indemnización y resarcimiento. Si bien es cierto, pudieran parecer sinónimos según el diccionario de la real academia española, también lo es, que yéndonos al punto de vista jurídico, sobre todo en el ámbito del derecho civil y penal podría interpretarse como una acepción diferente.

"Recurriendo a la doctrina, se puede afirmar que la indemnización es una compensación pecuniaria para realizar el resarcimiento o la reparación por un daño o perjuicio. La diferencia básica entre el resarcimiento y la reparación, según algunos autores, es que el concepto resarcimiento sirve para referirse a daños materiales.- En cambio, se justifica así que exista el concepto reparación, ya que éste sirve para contemplar los daños morales"[44]

---

[44] Universidad San Francisco de Quito. Colegio de Jurisprudencia. "Limites de la cuantificación del daño Moral en el Ecuador.- Sofía Macarena Guerrero González. Mayo 21,2009 DERECHO HUMANO A LA REPARACIÓN INTEGRAL DEL DAÑO. CONSTITUYE UNA GARANTÍA ESTATAL Y UN ASUNTO DE INTERÉS PÚBLICO, AUN TRATÁNDOSE DE ACUERDOS REPARATORIOS QUE PONEN FIN A LA ACCIÓN PENAL.Criterio jurídico: La Primera Sala de la Suprema Corte de Justicia de la Nación considera que en la celebración de los acuerdos reparatorios existe una obligación reforzada de la Fiscalía y de las y los Jueces de Control involucrados en el procedimiento penal de asegurarse que las partes encuentren una solución adecuada y proporcional del conflicto, de acuerdo con las condiciones personales, del hecho y con la reparación del daño; y que suscriban con la información completa de sus efectos y sin violencia o intimidación

Reparar según la real academia española establece que es "enmendar, corregir o remediar" o desagraviar, satisfacer al ofendido.

Según la tesis 2026334 de la Primera Sala del máximo tribunal del país, el derecho humano a la reparación integral del daño, constituye una garantía estatal y un asunto de interés público, aún tratándose de acuerdos preparatorios que ponen fin a la acción penal.

Francisco González de la Vega en su Código Penal Comentado[45], atribuye a la reparación del daño a cargo del delincuente, las siguientes características:

a) La reparación no sólo es de interés público, sino de orden público. Su exigibilidad y el procedimiento son ajenos a la voluntad de los ofendidos. Ferri dice: "Si el delito ha ocasionado un daño material o moral, peste deber ser siempre resarcido, considerando el resarcimiento del daño ex delicto como una relación de derecho publico y no sólo de derecho privado como el daño ex contractu". b) Debe ser exigida de oficio por el Ministerio Público, con el que podrán coadyuvar el ofendido, sus derechohabientes o su representante. (ver art. 34). c) Los ofendidos, sus derechohabientes o sus representantes pueden coadyuvantes del Ministerio Público comparecer

---

alguna, pues sólo así puede estimarse válidamente que fue su voluntad la extinción de la acción penal, especialmente, tratándose de grupos en situación de vulnerabilidad. De esta forma, aun tratándose de medios autocompositivos, el derecho a la reparación integral del daño implica una garantía estatal que se traduce en el deber de las autoridades de verificar diligentemente la proporcionalidad y el efecto reparador de las obligaciones pactadas y de su cumplimiento, en el que debe prevalecer el mayor resarcimiento posible de la dignidad humana de la parte agraviada.

45 https://www.poderjudicialmichoacan.gob.mx/tribunalm/biblioteca/juvenciocamacho/juvenciocamacho.htm#:~:text=CONCEPTO.,(Diccionario%20Jur%C3%ADdico%20Mexicano.

a las audiencias y alegar, apelar en lo relativo a la reparación (arts. 9°, 70 y 417 C. Común de P.P.) véase inciso b), frac.. III, art. 5° de la Ley de Amparo) d) La reparación no está sujeta a transacciones o convenios entre ofendidos y responsables. Será fijada por el juez, sin que nada tenga que ver la capacidad económica del obligado a pagarla con el monto de los daños (art. 31). e) La reparación es renunciable por el ofendido, pero la renuncia no libera al responsable, produce el único efecto de que su importe se aplique al Estado (tercer apartado del art. 35). f) El crédito por la sanción pecuniaria es preferente con respecto a cualquiera otra obligación contraída con posterioridad al delito, art. 33). La preferencia exceptúa a las obligaciones referentes a alimentos y a las relaciones laborales ya que los acreedores tanto alimentarios como laborales no tiene porqué sufrir el agravio de sus legítimos intereses, en cuanto es posible evitarlo, las consecuencias de la conducta delictiva del deudor. g) La preferencia se establece aun en presencia del Crédito del Estado por la pena de multa; si no se logra hacer efectivo todo el importe de la sanción pecuniaria, se cubrirá la preferencia la reparación del daño (segunda parte del art. 35).h) El procedimiento para su cobro, igual al de las multas, es administrativo (económico-coactivo) (art. 37 del C.P. y 676, frac. II del C. Común de P.P.). i) En caso de participación de varios responsables del delito, la deuda de reparación del daño es mancomunada y solidaria (art. 36). La naturaleza solidaria de la obligación implica la facultad de exigir su monto total a cualquiera, sin perjuicio de que el que pague pueda repetir contra los otros en la parte proporcional (véase arts. 1987 y sigs. del C. Civil). Así la responsabilidad solidaria de reparar el daño alcanza a todos los que intervinieron en el delito en las formas previstas en el art. 13. j) La muerte del delincuente, extintora de la acción penal y de las sanciones, no lo es de la obligación de reparar el daño (art. 91). Esto, por considerarse que desde el momento de la comisión del delito, el patrimonio personal de su autores se disminuye por la deuda ex delicto, quedando sólo pendiente la declaración y liquidación judicial de su importe. Los herederos del delincuente muerto, reciben el caudal hereditario mermado por el crédito de los ofendidos. En este presupuesto, no puede considerarse a la reparación como una pena trascendental, prohibida por le art. 22 de la Const. Porque la sanción no se aplica a los herederos. k) La sustitución y conmutación de sanciones, la libertad preparatoria, la condena condicional, la amnistía y el indulto, no extinguen ni liberan de la reparación del daño (arts. 76, 84 ref., frac. III, 90 ref., fracción II inciso e, 92 y 98).

Entonces la reparación es igual a la indemnización o al resarcimiento?

Al respecto, Andric Nuñez Trejo en su libro "La reparación a víctimas del delito en México" señala:[46]"Al respecto, considero importante explicar los diferentes términos que se mencionan en relación al pago de la reparación del daño, a saber:

1. El daño equivale al menoscabo o deterioro de una cosa siempre que en virtud de la infracción cause el sujeto activo del delito un resultado, por lo cual deberá presentarse la reparación, es decir, el resarcimiento del mismo.
2. La reparación es la compensación o desagravio por un daño o una ofensa.
3. El resarcimiento es la reparación del daño a cargo del delincuente e implica una gama amplia de daños, incluyendo perjuicios, lesiones personales y menoscabo de la propiedad.

---

46 https://forojuridico.mx/la-reparacion-del-dano-a-victimas-del-delito-en-mexico-primera-parte/#:~:text=%2D%20La%20reparaci%C3%B3n%20es%20la%20compensaci%C3%B3n,y%20menoscabo%20de%20la%20propiedad.

4. La indemnización es la compensación monetaria u otra cosa que recibe una persona por un daño o perjuicio que ha recibido ella misma o en sus propiedades, esta puede ser a cargo del victimario y/o del Estado.

En nuestra opinión, aunque el objetivo final para que sea cumplida una obligación derivada de una responsabilidad civil o como sanción punitiva derivada de un delito, es que la víctima sea ésta directa, indirecta o potencial o la persona (acreedor) que sufrió la afectación derivado de un daño, trátese de daño patrimonial o daño extrapatrimonial, sea reparada esa afectación trátese de un resarcimiento(si esto es posible) a que las cosas se restituyan el estado en que se encontraban antes de que se cometiera el daño o trátese de un pago económico por la indemnización derivada del daño patrimonial o moral en su caso.

Entonces, consideramos como genérico el concepto de reparación del daño y la especie serían: la indemnización y/o el resarcimiento si esto pudiera ser posible, pues tratándose de la muerte, una violación o lesiones graves irreversibles o cualquier otra circunstancia de imposible resarcimiento, o las dos cosas, tanto la indemnización como el resarcimiento, como anteriormente lo hemos ejemplificado.

4. REQUISITOS PARA SU REPARACIÓN

Como se repara el daño moral?

Si se tratara de una situación desde el ámbito del derecho penal, y el delito se encuentra debidamente comprobado, el Juez tiene la obligación de dictar una sentencia donde se condene al reo, entre otras cosas, a la reparación integral del daño, la cual en su apartado correspondiente se detalla, sin embargo, mencionamos lo medular: Que la reparación del daño debe ser integral, adecuada, eficaz, efectiva, proporcional a la gravedad del daño causado y a la afectación sufrida la cual comprende por lo menos: la indemnización del daño material y moral causado......el resarcimiento de los perjuicios ocasionados (ganancia lícita que se deja de percibir o bien el deterioro de un bien o el detrimento de una reputación que se debe a la acción u omisión por dolo o culpa de otra persona...... el pago de la perdida de ingreso económico o lucro cesante....... el costo de la perdida de oportunidades......la declaración que restablezca la dignidad y reputación de la victima.....la disculpa pública. Como se podrá observar además del daño material de lo enumerado, gran parte del contenido del artículo 30 del Código Penal Federal, se refiere al daño moral ocasionado a la victima y en ese sentido, Los jueces tienen obligación de establecerlos en la sentencia condenatoria, la cual debe ejecutarse una vez que no se admitan recursos a la misma, es decir, que haya causado ejecutoria.

En lo que se refiere a las personas que tienen derecho a la reparación del daño y a las que están obligadas a repararlos, se podrá leer con detalle en el capítulo VI.3 de este trabajo.

En cambio, si lo observamos desde el punto de vista civil, existe responsabilidad civil emanada de un hecho ilícito extracontractual o contractual. En ese sentido, la reclamación se realiza desde el momento mismo de la demanda donde se establezca una acción principal y como elemento adicional el pago de los daños y perjuicios, o bien, la reclamación principal también puede ser el pago de los daños y perjuicios, dependiendo del caso concreto. Generalmente cuando se presenta el ejercicio de la acción se deben ofrecer las pruebas para justificar los elementos constitutivos de la misma, las cuales deben desahogarse en el período probatorio correspondiente. Solo hasta cuando se dicta sentencia y se acreditaron los hechos constitutivos de la acción el juez tiene la obligación de analizar debidamente si con las pruebas ofrecidas se acredito el daño el cual puede ser patrimonial y moral, así como los perjuicios.

Esto, porque a diferencia del ámbito penal, hasta que se dicta sentencia y se acredita que el inculpado es responsable, se condena a la reparación integral del daño y hasta ese momento se procede a ofrecer las pruebas conducentes para determinar la indemnización. En cambio en el ámbito civil, se deben ofrecer las pruebas justamente dentro del procedimiento y es hasta la sentencia donde se valoran las mismas y se determina si procede o no la indemnización por daños y perjuicios, cumpliendo lo que para tal efecto señala el Código Civil Federal y el Código Federal de Procedimientos Civiles.

Capitulo VI.

Marco legal

1. CONSTITUCIÓN POLÍTICA DE LOS ESTADOS UNIDOS MEXICANOS

No obstante que con frecuencia nuestra Carta Magna ha sufrido modificaciones, siendo su última el 6 de junio de 2023, los derechos humanos han sido medularmente protegidos en el primer artículo de la Constitución, pues desde el 10 de junio de 2011 se modificó el Título Primero Capítulo I, sustituyéndose el nombre "De las garantías individuales" por "De los derechos Humanos y sus garantías" surgiendo desde luego una serie de reformas que de la Carta Magna emanan.

Así, lo medular en materia de derechos humanos, se establece:

> "Artículo 1o. *En los Estados Unidos Mexicanos todas las personas gozarán de los derechos humanos reconocidos en esta Constitución y en los tratados internacionales de los que el Estado Mexicano sea parte, así como de las garantías para su protección, cuyo ejercicio no podrá restringirse ni suspenderse, salvo en los casos y bajo las condiciones que esta Constitución establece. Las normas relativas a los derechos humanos se interpretarán de conformidad con esta Constitución y con los tratados internacionales de la materia favoreciendo en todo tiempo a las personas la protección más amplia. Todas las autoridades, en el ámbito de sus competencias, tienen la obligación de promover, respetar, proteger y garantizar los derechos humanos de conformidad con los principios de universalidad, interdependencia, indivisibilidad y progresividad. En consecuencia, el Estado deberá prevenir, investigar, sancionar y reparar las violaciones a los derechos humanos, en los términos que establezca la ley. Está prohibida la esclavitud en los Estados Unidos Mexicanos. Los esclavos del extranjero que entren al*

territorio nacional alcanzarán, por este solo hecho, su libertad y la protección de las leyes. Queda prohibida toda discriminación motivada por origen étnico o nacional, el género, la edad, las discapacidades, la condición social, las condiciones de salud, la religión, las opiniones, las preferencias sexuales, el estado civil o cualquier otra que atente contra la dignidad humana y tenga por objeto anular o menoscabar los derechos y libertades de las personas"

"Artículo 5o. *A ninguna persona podrá impedirse que se dedique a la profesión, industria, comercio o trabajo que le acomode, siendo lícitos. El ejercicio de esta libertad sólo podrá vedarse por determinación judicial, cuando se ataquen los derechos de tercero, o por resolución gubernativa, dictada en los términos que marque la ley, cuando se ofendan los derechos de la sociedad. Nadie puede ser privado del producto de su trabajo, sino por resolución judicial.*

La ley determinará en cada entidad federativa, cuáles son las profesiones que necesitan título para su ejercicio, las condiciones que deban llenarse para obtenerlo y las autoridades que han de expedirlo.

Nadie podrá ser obligado a prestar trabajos personales sin la justa retribución y sin su pleno consentimiento, salvo el trabajo impuesto como pena por la autoridad judicial, el cual se ajustará a lo dispuesto en las fracciones I y II del artículo 123.

En cuanto a los servicios públicos, sólo podrán ser obligatorios, en los términos que establezcan las leyes respectivas, el de las armas y los jurados, así como el desempeño de los cargos concejiles y los de elección popular, directa o indirecta. Las funciones electorales y censales tendrán carácter obligatorio y gratuito, pero serán retribuidas aquéllas que se realicen profesionalmente en los términos de esta Constitución y las leyes correspondientes. Los servicios profesionales de índole social serán obligatorios y retribuidos en los términos de la ley y con las excepciones que ésta señale.

El Estado no puede permitir que se lleve a efecto ningún contrato, pacto o convenio que tenga por objeto el menoscabo, la pérdida o el irrevocable sacrificio de la libertad de la persona por cualquier causa.....El contrato de trabajo sólo obligará a prestar el servicio convenido por el tiempo que fije la ley, sin poder exceder de un año en perjuicio del trabajador, y no podrá extenderse, en ningún caso, a la renuncia, pérdida o menoscabo de cualquiera de los derechos políticos o civiles. La falta de cumplimiento de dicho contrato, por lo que respecta al trabajador, sólo obligará a éste a la correspondiente responsabilidad civil, sin que en ningún caso pueda hacerse coacción sobre su persona".

"Artículo 6o. *La manifestación de las ideas no será objeto de ninguna inquisición judicial o administrativa, sino en el caso de que ataque a la moral, la vida privada o los derechos de terceros, provoque algún delito, o perturbe el orden público; el derecho de réplica será ejercido en los términos dispuestos por la ley. El derecho a la información será garantizado por el Estado.*Toda persona tiene derecho al libre acceso a información plural y oportuna, *así como a buscar, recibir y difundir información e ideas de toda índole por cualquier medio de expresión.El Estado garantizará el derecho de acceso a las tecnologías de la información y comunicación, así como a los servicios de radiodifusión y telecomunicaciones, incluido el de banda ancha e internet. Para tales efectos, el Estado establecerá condiciones de competencia efectiva en la prestación de dichos servicios.......*

Para efectos de lo dispuesto en el presente artículo se observará lo siguiente:

A. Para el ejercicio del derecho de acceso a la información, la Federación y las entidades federativas, en el ámbito de sus respectivas competencias, se regirán por los siguientes principios y bases: I. Toda la información.... II. La información que se refiere a la vida privada y los datos personales será protegida en los términos y con las excepciones que fijen las leyes.III. Toda persona, sin necesidad de acreditar interés alguno o justificar su utilización, tendrá acceso gratuito a la información pública, a sus datos personales o a la rectificación de éstos.IV. V. Los sujetos obligados deberán preservar sus documentos en archivos administrativos actualizados y publicarán, a través de los medios electrónicos disponibles, la información completa y actualizada sobre el ejercicio de los recursos públicos y los indicadores que permitan rendir cuenta del cumplimiento de sus objetivos y de los resultados obtenidos. VI. Las leyes determinarán la manera en que los sujetos obligados deberán ha-

cer pública la información relativa a los recursos públicos que entreguen a personas físicas o morales.

VII. La inobservancia a las disposiciones en materia de acceso a la información pública será sancionada en los términos que dispongan las leyes. VIII. La Federación .....El organismo autónomo previsto en esta fracción, se regirá por la ley en materia de transparencia y acceso a la información pública y protección de datos personales en posesión *de sujetos obligados, en los términos que establezca la ley general que emita el Congreso de la Unión para establecer las bases, principios generales y procedimientos del ejercicio de este derecho.En su funcionamiento se regirá por los principios de certeza, legalidad, independencia, imparcialidad, eficacia, objetividad, profesionalismo, transparencia y máxima publicidad............ Las resoluciones del organismo garante son vinculatorias, definitivas e inatacables para los sujetos obligados. El Consejero Jurídico del Gobierno podrá interponer recurso de revisión ante la Suprema Corte de Justicia de la Nación en los términos que establezca la ley, sólo en el caso que dichas resoluciones puedan poner en peligro la seguridad nacional conforme a la ley de la materia.El organismo garante se integra por siete comisionados. Para su nombramiento, la Cámara de Senadores, previa realización de una amplia consulta a la sociedad, a propuesta de los grupos parlamentarios, con el voto de las dos terceras partes de los miembros presentes, nombrará al comisionado que deba cubrir la vacante, siguiendo el proceso establecido en la ley. El nombramiento podrá ser objetado por el Presidente de la República en un plazo de diez días hábiles. Si el Presidente de la República no objetara el nombramiento dentro de dicho plazo, ocupará el cargo de comisionado la persona nombrada por el Senado de la República. En caso de que el Presidente de la República objetara el nombramiento, la Cámara de Senadores nombrará una nueva propuesta, en los términos del párrafo anterior, pero con una votación de las tres quintas partes de los miembros presentes. Si este segundo nombramiento fuera objetado, la Cámara de Senadores, en los términos del párrafo anterior, con la votación de las tres quintas partes de los miembros presentes, designará al comisionado que ocupará la vacante.*

Los comisionados durarán en su encargo siete años y deberán cumplir con los requisitos previstos en las fracciones I, II, IV, V y VI del artículo 95 de esta Constitución, no podrán tener otro empleo, cargo o comisión, con excepción de los no remunerados en instituciones docentes, científicas o de beneficencia, sólo podrán ser removidos de su cargo en los términos del Título Cuarto de esta Constitución y serán sujetos de juicio político.

En la conformación del organismo garante se procurará la equidad de género.

El comisionado presidente será designado por los propios comisionados, mediante voto secreto, por un periodo de tres años, con posibilidad de ser reelecto por un periodo igual; estará obligado a rendir un informe anual ante el Senado, en la fecha y en los términos que disponga la ley.....La ley establecerá las medidas de apremio que podrá imponer el organismo garante para asegurar el cumplimiento de sus decisiones.Toda autoridad y servidor público estará obligado a coadyuvar con el organismo garante y sus integrantes para el buen desempeño de sus funciones.....B. En materia de radiodifusión y telecomunicaciones:

I. El Estado garantizará a la población su integración a la sociedad de la información y el conocimiento, mediante una política de inclusión digital universal con metas anuales y sexenales.

II. Las telecomunicaciones son servicios públicos de interés general, por lo que el Estado garantizará que sean prestados en condiciones de competencia, calidad, pluralidad, cobertura universal, interconexión, convergencia, continuidad, acceso libre y sin injerencias arbitrarias.

III. La radiodifusión es un servicio público de interés general, por lo que el Estado garantizará que sea prestado en condiciones de competencia y calidad y brinde los beneficios de la cultura a toda la población, preservando la pluralidad y la veracidad de la información, así como el fomento de los valores de la identidad nacional, contribuyendo a los fines establecidos en el artículo 3o. de esta Constitución.

IV. Se prohíbe la transmisión de publicidad o propaganda presentada como información periodística o noticiosa; se establecerán las condiciones que deben regir los contenidos y la contratación de los servicios para su transmisión al público, incluidas aquellas relativas a la responsabilidad de los conce-

sionarios respecto de la información transmitida por cuenta de terceros, sin afectar la libertad de expresión y de difusión.

V. La ley establecerá un organismo público descentralizado con autonomía técnica, operativa, de decisión y de gestión, que tendrá por objeto proveer el servicio de radiodifusión sin fines de lucro, a efecto de asegurar el acceso al mayor número de personas en cada una de las entidades de la Federación, a contenidos que promuevan la integración nacional, la formación educativa, cultural y cívica, la igualdad entre mujeres y hombres, la difusión de información imparcial, objetiva, oportuna y veraz del acontecer nacional e internacional, y dar espacio a las obras de producción independiente, así como a la expresión de la diversidad y pluralidad de ideas y opiniones que fortalezcan la vida democrática de la sociedad.

El organismo público contará con un Consejo Ciudadano con el objeto de asegurar su independencia y una política editorial imparcial y objetiva. Será integrado por nueve consejeros honorarios que serán elegidos mediante una amplia consulta pública por el voto de dos terceras partes de los miembros presentes de la Cámara de Senadores o, en sus recesos, de la Comisión Permanente. Los consejeros desempeñarán su encargo en forma escalonada, por lo que anualmente serán sustituidos los dos de mayor antigüedad en el cargo, salvo que fuesen ratificados por el Senado para un segundo periodo.

El Presidente del organismo público será designado, a propuesta del Ejecutivo Federal, con el voto de dos terceras partes de los miembros presentes de la Cámara de Senadores o, en sus recesos, de la Comisión Permanente; durará en su encargo cinco años, podrá ser designado para un nuevo periodo por una sola vez, y sólo podrá ser removido por el Senado mediante la misma mayoría.

El Presidente del organismo presentará anualmente a los Poderes Ejecutivo y Legislativo de la Unión un informe de actividades; al efecto comparecerá ante las Cámaras del Congreso en los términos que dispongan las leyes.

VI. La ley establecerá los derechos de los usuarios de telecomunicaciones, de las audiencias, así como los mecanismos para su protección"

2. CÓDIGO CIVIL FEDERAL

De inicio señalamos lo conducente a las personas morales que establece el titulo Segundo del Código Civil Federal.

"TITULO SEGUNDO. De las personas Morales.-Artículo 25.- Son personas morales: I. *La Nación, los Estados y los Municipios;* II. *Las demás corporaciones de carácter público reconocidas por la ley;* III. Las sociedades civiles o mercantiles IV. *Los sindicatos, las asociaciones profesionales y las demás a que se refiere la fracción XVI del artículo 123 de la Constitución Federal;* V. *Las sociedades cooperativas y mutualistas;* VI. *Las asociaciones distintas de las enumeradas que se propongan fines políticos, científicos, artísticos, de recreo o cualquiera otro fin lícito, siempre que no fueren desconocidas por la ley.* VII. *Las personas morales extranjeras de naturaleza privada, en los términos del artículo 2736. Artículo 26.- Las personas morales pueden ejercitar todos los derechos que sean necesarios para realizar el objeto de su institución. Artículo 27.- Las personas morales obran y se obligan por medio de los órganos que las representan sea por disposición de la ley o conforme a las disposiciones relativas de sus escrituras constitutivas y de sus estatutos. Artículo 28.- Las personas morales se regirán por las leyes correspondientes, por su escritura constitutiva y por sus* estatutos.

En cuanto a las obligaciones que nacen de los actos ilícitos (donde se regula expresamente el daño moral), la Ley en comento establece:

Artículo 1910.- *El que obrando ilícitamente o contra las buenas costumbres cause daño a otro, está obligado a repararlo, a menos que demuestre que el daño se produjo como consecuencia de culpa o negligencia inexcusable de la víctima. Artículo 1911.- El incapaz que cause daño debe repararlo, salvo que la responsabilidad recaiga en las personas de él encargadas, conforme lo dispuesto en los artículos 1919, 1920, 1921 y 1922. Artículo 1912.- Cuando al ejercitar un derecho se cause daño a otro, hay obligación de indemnizarlo si se demuestra que el derecho sólo se ejercitó a fin de causar el daño, sin utilidad para el titular del derecho .Artículo 1913.- Cuando una persona hace uso de mecanismos, instrumentos, aparatos o substancias peligrosas por sí mismos, por la velocidad que desarrollen, por su naturaleza explosiva o inflamable, por la energía de la corriente eléctrica que conduzcan o por otras causas análogas, está obligada a responder del daño que cause, aunque no obre ilícitamente, a no ser que demuestre que ese daño se produjo por culpa o negligencia inexcusable de la víctima Artículo 1914.- Cuando sin el empleo de mecanismos, instrumentos, etc., a que se refiere el artículo anterior, y sin culpa o negligencia de ninguna de las partes se producen daños, cada una de ellas los soportará sin derecho a indemnización. Artículo 1915.- La reparación del daño debe consistir a elección del ofendido en el restablecimiento de la situación anterior, cuando ello sea posible, o en el pago de daños y perjuicios.Cuando el daño se cause a las personas y produzca la muerte, incapacidad total permanente, parcial permanente, total temporal o parcial temporal, el grado de la reparación se determinará atendiendo a lo dispuesto por la Ley Federal del Trabajo. Para calcular la indemnización que corresponda se tomará como base la Unidad de Medida y Actualización y se extenderá al número de unidades que para cada una de las incapacidades mencionadas señala la Ley Federal del Trabajo. En caso de muerte la indemnización corresponderá a los herederos de la víctima.*

DAÑO MORAL. En las siguientes inserciones agotaremos lo que a daño moral refiere la ley, iniciando expresamente con lo que establece el artículo 1916 del Código Civil Federal, que es el punto medular que sirve a los órganos jurisdiccionales para analizar y decidir respecto del daño moral, y del cual han surgido innumerables tesis y criterios jurisprudenciales de la Suprema Corte de Justicia de la Nación.

Por la importancia del dispositivo legal, lo insertamos íntegramente, el cual establece:

Artículo 1916.- *Por daño moral se entiende la afectación que una persona sufre en sus sentimientos, afectos, creencias, decoro, honor, reputación, vida privada, configuración y aspecto físicos, o bien en la consideración que de sí misma tienen los demás. Se presumirá que hubo daño moral cuando se vulnere o menoscabe ilegítimamente la libertad o la integridad física o psíquica de las personas.*

Cuando un hecho u omisión ilícitos produzcan un daño moral, el responsable del mismo tendrá la obligación de repararlo mediante una indemnización en dinero, con independencia de que se haya causado daño material, tanto en responsabilidad contractual como extracontractual. Igual obligación de reparar el daño moral tendrá quien incurra en responsabilidad objetiva conforme a los artículo 1913, así como el Estado y sus servidores públicos, conforme a los artículos 1927 y 1928, todos ellos del presente Código.

La acción de reparación no es transmisible a terceros por acto entre vivos y sólo pasa a los herederos de la víctima cuando ésta haya intentado la acción en vida.

El monto de la indemnización lo determinará el juez tomando en cuenta los derechos lesionados, el grado de responsabilidad, la situación económica del responsable, y la de la víctima, así como las demás circunstancias del caso.

Cuando el daño moral haya afectado a la víctima en su decoro, honor, reputación o consideración, el juez ordenará, a petición de ésta y con cargo al responsable, la publicación de un extracto de la sentencia que refleje adecuadamente la naturaleza y alcance de la misma, a través de los medios informativos que considere convenientes. En los casos en que el daño derive de un acto que haya tenido difusión en los medios informativos, el juez ordenará que los mismos den publicidad al extracto de la sentencia, con la misma relevancia que hubiere tenido la difusión original.

Estarán sujetos a la reparación del daño moral de acuerdo a lo establecido por este ordenamiento y, por lo tanto, las conductas descritas se considerarán como hechos ilícitos:

I. *El que comunique a una o más personas la imputación que se hace a otra persona física o moral, de un hecho cierto o falso, determinado o indeterminado, que pueda causarle deshonra, descrédito, perjuicio, o exponerlo al desprecio de alguien;*

II. *El que impute a otro un hecho determinado y calificado como delito por la ley, si este hecho es falso, o es inocente la persona a quien se imputa;*

III. *El que presente denuncias o querellas calumniosas, entendiéndose por tales aquellas en que su autor imputa un delito a persona determinada, sabiendo que ésta es inocente o que aquél no se ha cometido, y*

IV. *Al que ofenda el honor, ataque la vida privada o la imagen propia de una persona.*

La reparación del daño moral con relación al párrafo e incisos anteriores deberá contener la obligación de la rectificación o respuesta de la información difundida en el mismo medio donde fue publicada y con el mismo espacio y la misma circulación o audiencia a que fue dirigida la información original, esto sin menoscabo de lo establecido en el párrafo quinto del presente artículo.

La reproducción fiel de información no da lugar al daño moral, aun en los casos en que la información reproducida no sea correcta y pueda dañar el honor de alguna persona, pues no constituye una responsabilidad para el que difunde dicha información, siempre y cuando se cite la fuente de donde se obtuvo.

Que personas están eximidas de la obligación de la reparación del daño moral:

El que ejerza sus derechos de opinión, crítica, expresión e información en los términos y con las limitaciones de los artículos 6°.y 7°. Constitucionales

Artículo 1916 Bis. No estará obligado a la reparación del daño moral *quien ejerza sus derechos de opinión, crítica, expresión e información, en los términos y con las limitaciones de los artículos 6o. y 7o. de la Constitución General de la República.... .En ningún caso se considerarán ofensas al honor las opiniones desfavorables de la crítica literaria, artística, histórica, científica o profesional. Tampoco se considerarán ofensivas las opiniones desfavorables realizadas en cumplimiento de un deber o ejerciendo un derecho cuando el modo de proceder o la falta de reserva no tenga un propósito ofensivo.*

Artículo 1917.- Las personas que han causado en común un daño, son responsables solidariamente hacia la víctima por la reparación a que están obligadas de acuerdo con las disposiciones de este Capítulo .

Artículo 1918.- Las personas morales son responsables de los daños y perjuicios que causen sus representantes legales en el ejercicio de sus funciones.

Artículo 1919.- Los que ejerzan la patria potestad tienen obligación de responder de los daños y perjuicios *causados por los actos de los menores que estén bajo su poder y que habiten con ellos*

Artículo 1922.- Ni los padres ni los tutores tienen obligación de responder de los daños y perjuicios *que causen los incapacitados sujetos a su cuidado y vigilancia, si probaren que les ha sido imposible evitarlos. Esta imposibilidad no resulta de la mera circunstancia de haber sucedido el hecho fuera de su presencia, si aparece que ellos no han ejercido suficiente vigilancia sobre los incapacitados*

.Artículo 1923.- Los maestros artesanos son responsables de los daños y perjuicios *causados por sus operarios en la ejecución de los trabajos que les encomienden. En este caso se aplicará también lo dispuesto en el artículo anterior.*

Artículo 1924.- Los patrones y los dueños de establecimientos mercantiles están obligados a responder de los daños y perjuicios *causados por sus obreros a dependientes, en el ejercicio de sus funciones. Esta responsabilidad cesa si demuestran que en la comisión del daño no se les puede imputar ninguna culpa o negligencia .*

Artículo 1925.- Los jefes de casa o los dueños de hoteles o casas de hospedaje están obligados a responder de los daños y perjuicios causados por sus sirvientes en el ejercicio de su encargo.

Artículo 1926.- En los casos previstos por los artículos 1923, 1924 y 1925 el que sufra el daño puede exigir la reparación directamente del responsable, en los términos de esté Capítulo.

Artículo 1928.- El que paga los daños y perjuicios *causados por sus sirvientes, empleados, funcionarios y operarios, puede repetir de ellos lo que hubiere pagado.*

Artículo 1929.- El dueño de un animal pagará el daño causado *por éste, si no probare alguna de estas circunstancias: I. Que lo guardaba y vigilaba con el cuidado necesario; II. Que el animal fue provocado; III. Que hubo imprudencia por parte del ofendido;IV. Que el hecho resulte de caso fortuito o de fuerza mayor. Artículo 1930.- Si el animal que hubiere causado el daño fuere excitado por un tercero, la responsabilidad es de éste y no del dueño del animal.*

Artículo 1931.- El propietario de un edificio es responsable de los daños *que resulten por la ruina de todo o parte de él, si ésta sobreviene por falta de reparaciones necesarias o por vicios de construcción.*

Artículo 1932.- Igualmente responderán los propietarios de los daños causados*: I. Por la explosión de máquinas, o por la inflamación de substancias explosivas; II. Por el humo o gases que sean nocivos a las personas o a las propiedades; III. Por la caída de sus árboles, cuando no sea ocasionada por fuerza mayor; IV. Por las emanaciones de cloacas o depósitos de materias infectantes; V. Por los depósitos de agua que humedezcan la pared del vecino o derramen sobre la propiedad de éste; VI. Por el peso o movimiento de las máquinas, por las aglomeraciones de materias o animales nocivos a la salud o por cualquiera causa que sin derecho origine algún daño.*

Artículo 1933.- Los jefes de familia que habiten una casa o parte de ella, son responsables de los daños causados *por las cosas que se arrojen o cayeren de la misma.*

Artículo 1934.- La acción para exigir la reparación de los daños causados en los términos del presente capítulo, prescribe en dos años contados a partir del día en que se haya causado el daño.

Artículo 1934 Bis.- El que cause un daño *de los previstos en este Capítulo a una colectividad o grupo de personas, estará obligado a indemnizar en términos de lo dispuesto en el Libro Quinto del Código Federal de Procedimientos Civiles.*

3. CÓDIGO PENAL FEDERAL

El Código Penal Federal es un ordenamiento jurídico que debe aplicarse en toda la República mexicana para los delitos del orden federal y su última reforma fue publicada en el Diario Oficial de la Federación el día 8 de mayo de 2023.

Trataremos de resumir porque la importancia de este ordenamiento Jurídico.

En primer término, para que pueda aplicar una sanción debe existir un delito y este Código establece que delito es el acto u omisión que sancionan las leyes penales. Las acciones u omisiones delictivas solamente pueden realizarse dolosa o culposamente.

En nuestro país, en el día a día observamos que tanto particulares como Autoridades realizan acciones que pueden generar la comisión de un delito, pero también las omisiones; esto es, cuando se tiene la obligación de un hacer o no hacer, y al existir omisión se comete también un delito.

Las acciones u omisiones delictivas solo pueden realizarse dolosa o culposamente

- Doloso.- Cuando existe la intención de cometer un delito
- Culposo, Cuando hay negligencia o imprudencia y esto, origina responsabilidades.

También podemos establecer que conforme a este ordenamiento Jurídico

Existen penas y medidas de seguridad, las cuales solo mencionaremos la sanción pecuniaria.- Ésta, comprende la multa y la REPARACION DEL DAÑO.

Al dictar sentencia, el Juez tiene la obligación de establecer, si se comprobó la existencia de un delito y si existe sanción pecuniaria establecer el monto de la indemnización, es decir, la reparación del daño ocasionado a la víctima.

Que se toma en consideración para determinar el monto de la indemnización?.

- En primer término:
- Los derechos lesionados

- El grado de responsabilidad
- La situación económica del responsable
- La situación económica de la víctima y
- Las demás circunstancias del caso.

La reparación del daño debe ser integral, adecuada, eficaz, efectiva, proporcional a la gravedad del daño causado y a la afectación sufrida, y comprenderá por lo menos.

I. La restitución de la cosa obtenida por el delito y si no fuera posible, el pago del precio de la misma, a su valor actualizado

II. La indemnización del daño material y moral causado, incluyendo la atención médica y psicológica, de los servicios sociales y de rehabilitación; los tratamientos curativos necesarios para la recuperación de la salud que hubiere requerido o requiera la victima como consecuencia del delito

    En los casos de delitos contra el libre desarrollo de la personalidad, la libertad y el normal desarrollo psicosexual y en su salud mental, así como de violencia familiar, además comprenderá el pago de los tratamientos psicoterapéuticos que sean necesarios para la víctima

III. El resarcimiento de los perjuicios ocasionados (ganancia lícita que se deja de percibir o bien el deterioro de un bien o el detrimento de una reputación que se debe a la acción u omisión por dolo o culpa) de otra persona

IV. El pago de la pérdida de ingreso económico y lucro cesante, para ello se tomará como base el salario que en el momento de sufrir el delito tenía la víctima y en caso de no contar con esa información, será conforme al salario mínimo vigente en el lugar en que ocurra el hecho

V. El costo de la pérdida de oportunidades, en particular el empleo, educación y prestaciones sociales, acorde a sus circunstancias.

VI. La declaración que restablezca la dignidad y reputación de la víctima, a través de medios electrónicos o escritos.

VII. La disculpa pública, la aceptación de responsabilidad, así como la garantía de no repetición, cuando el delito se cometa por servidores públicos.

Los medios para la rehabilitación deben ser los más completos posible y deberán permitir a la víctima participar de forma plena en la vida pública, privada y social.

Lo anterior se encuentra contenido en el artículo 30 del mencionado cuerpo de leyes.

Tienen derecho a la reparación del daño en el siguiente orden:

- El ofendido
- En caso de fallecimiento del ofendido, el cónyuge supérstite o el concubinario o concubino y los hijos menores de edad;
- A falta de éstos los demás descendientes y ascendientes que dependieran económicamente de él al momento del fallecimiento

Es importante mencionar que en todo proceso penal, el Ministerio Público estará obligado a solicitar, de oficio, la condena en lo relativo a la reparación del daño y el juez está obligado a resolver lo conducente y la víctima deberá estar informada sobre la reparación del daño. Subrayamos lo anterior, precisamente porque dentro de la reparación del daño, se encuentra el aspecto moral y en muchas ocasiones cuando la víctima fallece o se encuentra afectado de su salud física, independientemente de lo que regula La Ley Federal del Trabajo, la víctima tiene el derecho de que sea reparado el daño moral.

¿ Quienes están obligados a reparar el daño?

I. Los ascendientes por los delitos de sus descendientes que se hallaren bajo su patria potestad;

II. Los tutores y custodios, por los delitos de los incapacitados que se hallen bajo su autoridad;

III. Los directores de internados o talleres que reciban en su establecimiento discípulos o aprendices menores de 16 años por los delitos que ejecuten éstos durante el tiempo que se hallen bajo el cuidado de aquellos;

IV. Los dueños, empresas o encargados de negociaciones o establecimientos mercantiles de cualquier especie, por los delitos que cometan sus obreros, jornaleros, empleados, domésticos y artesanos, con motivo y en el desempeño de su servicio;

V. Las sociedades o agrupaciones, por los delitos de sus socios o gerentes directores, en los mismos términos en que, conforme a las leyes, sean responsables por las demás obligaciones que los segundos contraigan;

VI. Cualquier institución, asociación, organización o agrupación de carácter religioso, cultural, deportivo, educativo, recreativo o de cualquier índole, cuyos empleados, miembros, integrantes, auxiliares o ayudantes que realicen sus actividades de manera voluntaria o remunerada, y

VII. El Estado, solidariamente, por los delitos dolosos de sus servidores públicos realizados con motivo del ejercicio de sus funciones, y subsidiariamente cuando aquéllos fueren culposos.

VIII. El Estado, solidariamente, por los delitos dolosos de sus servidores públicos realizados con motivo del ejercicio de sus funciones, y subsidiariamente cuando aquéllos fueren culposos.

4. CÓDIGO NACIONAL DE PROCEDIMIENTOS PENALES

El Código Nacional de Procedimientos Penales, fue publicado en el Diario Oficial de la Federación el 5 de marzo de 2014 y su última reforma se realizo el 25 de abril del año 2023.

Este es un ordenamiento jurídico que es de orden público y de observancia general en toda la república mexicana, por los delitos que sean competencia de los órganos jurisdiccionales federales y locales en el marco de los principios y derechos consagrados en la Constitución Política de los Estados Unidos Mexicanos y en los Tratados Internacionales de los que el Estado mexicano sea parte.

Tiene por objeto establecer las normas que han de observarse en la investigación, el procesamiento y la sanción de los delitos, para esclarecer los hechos, proteger al inocente, procurar que el culpable no quede impune y que se repare el daño, y así contribuir a asegurar el acceso a la justicia en la aplicación del derecho y resolver el conflicto que surja con motivo de la comisión del delito, en un marco de respeto a los derechos humanos reconocidos en la Constitución y en los Tratados Internacionales de los que el Estado mexicano sea parte.

A saber:

Se considera víctima del delito al sujeto pasivo que resiente directamente sobre su persona la afectación producida por la conducta delictiva. Asimismo, se considerará ofendido a la persona física o moral titular del bien jurídico lesionado o puesto en peligro por la acción u omisión prevista en la ley penal como delito.

La víctima u ofendido tendrá todos los derechos y prerrogativas en términos que la constitución se le reconoce.

El artículo 108 en lo medular establece: *De Derechos de la víctima u ofendido: I. A ser informado de los derechos que en su favor le reconoce la Constitución; II. A que el Ministerio Público y sus auxiliares así como el Órgano jurisdiccional les faciliten el acceso a la justicia y les presten los servicios que constitucionalmente tienen encomendados con legalidad, honradez, lealtad, imparcialidad, profesionalismo, eficiencia, perspectiva de género y eficacia y con la debida diligencia;..... III, IV, VI, VII, VIII.- A recibir trato sin discriminación a fin de evitar que se atente contra la dignidad humana y se anulen o menoscaben sus derechos y libertades, por lo que la protección de sus derechos se hará sin distinción alguna; IX, X, XI.- A recibir gratuitamente la asistencia de un intérprete o traductor desde la denuncia hasta la conclusión del procedimiento penal, cuando la víctima u ofendido pertenezca a un grupo étnico o pueblo indígena o no conozca o no comprenda el idioma español; XII.- En caso de tener alguna discapacidad, a que se realicen los ajustes al procedimiento penal que sean necesarios para salvaguardar sus derechos; XIII, XIV, XVI.- A que se le provea protección cuando exista riesgo para su vida o integridad personal; XVII, XVIII.- A recibir atención médica y psicológica o a ser canalizado a instituciones que le proporcionen estos servicios, así como a recibir protección especial de su integridad física y psíquica cuando así lo solicite, o cuando se trate de delitos que así lo requieran; XIX. XX. XXI. XXII. XXIII.- A ser restituido en sus derechos, cuando éstos estén acreditados; XXIV. A que se le garantice la reparación del daño durante el procedimiento en cualquiera de las formas previstas en este Código; XXV.- A que se le repare el daño causado por la comisión del delito, pudiendo solicitarlo directamente al Órgano jurisdiccional, sin perjuicio de que el Ministerio Público lo solicite; XXVI, XXVII, XXVIII, XXIX.- En el caso de que las víctimas sean personas menores de dieciocho años, el Órgano jurisdiccional o el Ministerio Público tendrán en cuenta los principios del interés superior de los niños o adolescentes, la prevalencia de sus derechos, su protección integral y los derechos consagrados en la Constitución, en los Tratados, así como los previstos en el presente Código.*

Para los delitos que impliquen violencia contra las mujeres, se deberán observar todos los derechos que en su favor establece la Ley General de Acceso de las Mujeres a una Vida Libre de Violencia y demás disposiciones aplicables.

5. LEY GENERAL DE VÍCTIMAS

Publicada en el Diario Oficial de la Federación el 9 de enero de 2013, en lo medular señala:

Artículo 2. El objeto de esta Ley es:

Reconocer y garantizar los derechos de las víctimas del delito y de violaciones a derechos humanos, en especial el derecho a la asistencia, protección, atención, verdad, justicia, reparación integral, debida diligencia y todos los demás derechos consagrados en ella, en la Constitución, en los Tratados Internacionales de derechos humanos de los que el Estado Mexicano es Parte y demás instrumentos de derechos humanos;

Artículo 26. Las víctimas tienen derecho a ser reparadas de manera oportuna, plena, diferenciada, transformadora, integral y efectiva por el daño que han sufrido como consecuencia del delito o hecho victimizante que las ha afectado o de las violaciones de derechos humanos que han sufrido, comprendiendo medidas de restitución, rehabilitación, compensación, satisfacción y medidas de no repetición.

Que comprende la reparación integral del daño?

Artículo 27. Para los efectos de la presente Ley, la reparación integral comprenderá:

I. *La restitución busca devolver a la víctima a la situación anterior a la comisión del delito o a la violación de sus derechos humanos;*

II. *La rehabilitación busca facilitar a la víctima hacer frente a los efectos sufridos por causa del hecho punible o de las violaciones de derechos humanos;*

III. *La compensación ha de otorgarse a la víctima de forma apropiada y proporcional a la gravedad del hecho punible cometido o de la violación de derechos humanos sufrida y teniendo en cuenta las circunstancias de cada caso. Ésta se otorgará por todos los perjuicios, sufrimientos y pérdidas económicamente evaluables que sean consecuencia del delito o de la violación de derechos humanos;*

IV. *La satisfacción busca reconocer y restablecer la dignidad de las víctimas;*

V. *Las medidas de no repetición buscan que el hecho punible o la violación de derechos sufrida por la víctima no vuelva a ocurrir;*

Artículo 61. Las víctimas tendrán derecho a la restitución en sus derechos conculcados, así como en sus bienes y propiedades si hubieren sido despojadas de ellos.

Medidas de restitución

Las medidas de restitución comprenden, según corresponda:

I. *Restablecimiento de la libertad, en caso de secuestro o desaparición de persona;*

II. *Restablecimiento de los derechos jurídicos;*

III. *Restablecimiento de la identidad;*

IV. *Restablecimiento de la vida y unidad familiar;*

V. *Restablecimiento de la ciudadanía y de los derechos políticos;*

VI. *Regreso digno y seguro al lugar original de residencia u origen;*

VII. *Reintegración en el empleo, y*

VIII. *Devolución de todos los bienes o valores de su propiedad que hayan sido incautados o recuperados por las autoridades incluyendo sus frutos y accesorios, y si no fuese posible, el pago de su valor actualizado. Si se trata de bienes fungibles, el juez podrá condenar a la entrega de un objeto igual al que fuese materia de delito sin necesidad de recurrir a prueba pericial.*

En los casos en que una autoridad judicial competente revoque una sentencia condenatoria, se eliminarán los registros de los respectivos antecedentes penales.

Medidas de rehabilitación

I. *Atención médica, psicológica y psiquiátrica especializadas;*

II. *Servicios y asesoría jurídicos tendientes a facilitar el ejercicio de los derechos de las víctimas y a garantizar su disfrute pleno y tranquilo;*

Artículo 64. La compensación se otorgará por todos los perjuicios, sufrimientos y pérdidas económicamente evaluables que sean consecuencia de la comisión de los delitos a los que se refiere el artículo 68 de este ordenamiento o de la violación de derechos humanos, incluyendo el error judicial, de conformidad con lo que establece esta Ley y su Reglamento. Estos perjuicios, sufrimientos y pérdidas incluirán, entre otros y como mínimo:

I. *La reparación del daño sufrido en la integridad física de la víctima;*

II. *La reparación del daño moral sufrido por la víctima o las personas con derecho a la reparación integral, entendiendo por éste, aquellos efectos nocivos de los hechos del caso que no tienen carácter económico o patrimonial y no pueden ser tasados en términos monetarios. El daño moral comprende tanto los sufrimientos y las aflicciones causados a las víctimas directas e indirectas, como el menoscabo de valores muy significativos para las personas y toda perturbación que no sea susceptible de medición pecuniaria;*

III. *El resarcimiento de los perjuicios ocasionados o lucro cesante, incluyendo el pago de los salarios o percepciones correspondientes, cuando por lesiones se cause incapacidad para trabajar en oficio, arte o profesión;*

IV. *La pérdida de oportunidades, en particular las de educación y prestaciones sociales;*

V. *Los daños patrimoniales generados como consecuencia de delitos o violaciones a derechos humanos;*

VI. *El pago de los gastos y costas judiciales del Asesor Jurídico cuando éste sea privado;*

VII. *El pago de los tratamientos médicos o terapéuticos que, como consecuencia del delito o de la violación a los derechos humanos, sean necesarios para la recuperación de la salud psíquica y física de la víctima, y*

VIII. *Los gastos comprobables de transporte, alojamiento, comunicación o alimentación que le ocasione trasladarse al lugar del juicio o para asistir a su tratamiento, si la víctima reside en municipio o delegación distintos al del enjuiciamiento o donde recibe la atención.*

Las normas reglamentarias aplicables establecerán el procedimiento y el monto de gasto comprobable mínimo que no deberá ser mayor al veinticinco por ciento del monto total.

Medidas de compensación

Consiste en apoyo económico cuya cuantía tomará en cuenta la proporcionalidad del daño y los montos señalados en el artículo 67 de este ordenamiento.

En los casos de la fracción VIII, cuando se hayan cubierto con los Recursos de Ayuda, no se tomarán en consideración para la determinación de la compensación.

La Comisión Ejecutiva o las Comisiones de víctimas, según corresponda, expedirán los lineamientos respectivos a efecto de que a la víctima no se le cause mayores cargas de comprobación.

Artículo 65. Todas las víctimas de violaciones a los derechos humanos serán compensadas, en los términos y montos que determine la resolución que emita en su caso:

a) *Un órgano jurisdiccional nacional;*

b) *Un órgano jurisdiccional internacional o reconocido por los Tratados Internacionales ratificados por México;*

c) *Un organismo público de protección de los derechos humanos;*

d) *Un organismo internacional de protección de los derechos humanos reconocido por los Tratados Internacionales ratificados por México, cuando su resolución no sea susceptible de ser sometida a la consideración de un órgano jurisdiccional internacional previsto en el mismo tratado en el que se encuentre contemplado el organismo en cuestión.*

Lo anterior sin perjuicio de las responsabilidades civiles, penales y administrativas que los mismos hechos pudieran implicar y conforme lo dispuesto por la presente Ley.

En los casos de víctimas de delitos se estará a lo dispuesto en los montos máximos previstos en el artículo 67.

Artículo 73. Las medidas de satisfacción comprenden, entre otras y según corresponda

III. *Una declaración oficial o decisión judicial que restablezca la dignidad, la reputación y los derechos de la víctima y de las personas estrechamente vinculadas a ella;*

V. *La aplicación de sanciones judiciales o administrativas a los responsables de las violaciones de derechos humanos, y*

Las medidas de no repetición.

Son aquéllas que se adoptan con el fin de evitar que las víctimas vuelvan a ser objeto de violaciones a sus derechos y para contribuir a prevenir o evitar la repetición de actos de la misma naturaleza. Estas consistirán en las siguientes

X. *La promoción de mecanismos destinados a prevenir, vigilar y resolver por medios pacíficos los conflictos sociales,*

Las víctimas

Artículo 96. El Registro Nacional de Víctimas, es el mecanismo administrativo y técnico que soporta todo el proceso de ingreso y registro de las víctimas del delito y de violaciones de derechos humanos al Sistema,

1. *Victima directa.- aquellas personas físicas que hayan sufrido algún daño o menoscabo económico, físico, mental, emocional, o en general cualquiera puesta en peligro o lesión a sus bienes jurídicos o derechos como consecuencia de la comisión de un delito o violaciones a sus derechos humanos reconocidos en la Constitución y en los Tratados Internacionales de los que el Estado Mexicano sea Parte.*
2. *Victima Indirecta los familiares o aquellas personas físicas a cargo de la víctima directa que tengan una relación inmediata con ella.*
3. *Victima Potencial. las personas físicas cuya integridad física o derechos peligren por prestar asistencia a la víctima ya sea por impedir o detener la violación de derechos o la comisión de un delito.*

6. LEY GENERAL DE ACCESO A LAS MUJERES LIBRES DE VIOLENCIA

Este ordenamiento jurídico fue publicado en el Diario Oficial de la Federación el 1°. De febrero de 2007 y su última reforma la tuvo el 8 de mayo de 2023.

En lo medular tiene por objeto establecer la coordinación entre la Federación, las entidades federativas, las demarcaciones territoriales de la Ciudad de México y los municipios para prevenir, sancionar y erradicar las violencias contra las mujeres, adolescentes y niñas, así como los principios y mecanismos para el pleno acceso a una vida libre de violencias, así como para garantizar el goce y ejercicio de los derechos humanos y fortalecer el régimen democrático establecido en la Constitución Política de los Estados Unidos Mexicanos.

En cuanto a los derechos humanos de las mujeres refiere a los derechos que son parte inalienable, integrante e indivisible de los derechos humanos universales contenidos en la Convención sobre la eliminación de todas las formas de discriminación contra la mujer.

Consideramos que este ordenamiento aborda de manera puntual la violencia contra las mujeres y por ende sus derechos humanos y la irremediable consecuencia: un daño moral.

A saber:

Articulo 6. Los tipos de violencia contra las mujeres son:

I. *I. La violencia psicológica. Es cualquier acto u omisión que dañe la estabilidad psicológica, que puede consistir en: negligencia, abandono, descuido reiterado, celotipia, insultos, humillaciones, devaluación, marginación, indiferencia, infidelidad, comparaciones destructivas, rechazo, restricción a la autodeterminación y amenazas, las cuales conllevan a la víctima a la depresión, al aislamiento, a la devaluación de su autoestima e incluso al suicidio;*

II. *II. La violencia física.- Es cualquier acto que inflige daño no accidental, usando la fuerza física o algún tipo de arma, objeto, ácido o sustancia corrosiva, cáustica, irritante, tóxica o inflamable o cualquier otra sustancia que, en determinadas condiciones, pueda provocar o no lesiones ya sean internas, externas, o ambas;*

III. *La violencia patrimonial.- Es cualquier acto u omisión que afecta la supervivencia de la víctima. Se manifiesta en: la transformación, sustracción, destrucción, retención o distracción de objetos, documentos personales, bienes y valores, derechos patrimoniales o recursos económicos destinados a satisfacer sus necesidades y puede abarcar los daños a los bienes comunes o propios de la víctima;*

IV. *Violencia económica.- Es toda acción u omisión del Agresor que afecta la supervivencia económica de la víctima. Se manifiesta a través de limitaciones encaminadas a controlar el ingreso de sus percepciones económicas, así como la percepción de un salario menor por igual trabajo, dentro de un mismo centro laboral;*

V. *La violencia sexual.- Es cualquier acto que degrada o daña el cuerpo y/o la sexualidad de la Víctima y que por tanto atenta contra su libertad, dignidad e integridad física. Es una expresión de abuso de poder que implica la supremacía masculina sobre la mujer, al denigrarla y concebirla como objeto, y*

VI. *Cualesquiera otras formas análogas que lesionen o sean susceptibles de dañar la dignidad, integridad o libertad de las mujeres*

Artículo 7. Violencia familiar: Es el acto abusivo de poder u omisión intencional, dirigido a dominar, someter, controlar, o agredir de manera física, verbal, psicológica, patrimonial, económica y sexual a las mujeres, dentro o fuera del domicilio familiar, cuya persona agresora tenga o haya tenido relación de parentesco por consanguinidad o afinidad, de matrimonio, concubinato o mantengan o hayan mantenido una relación de hecho.

También se considera violencia familiar cuando la persona agresora tenga responsabilidades de cuidado o de apoyo, aunque no tenga una relación de parentesco.

Articulo 10.- Violencia Laboral y Docente: Se ejerce por las personas que tienen un vínculo laboral, docente o análogo con la víctima, independientemente de la relación jerárquica, consistente en un acto o una omisión en abuso de poder que daña la autoestima, salud, integridad, libertad y seguridad de la víctima, e impide su desarrollo y atenta contra la igualdad.

Puede consistir en un solo evento dañino o en una serie de eventos cuya suma produce el daño. También incluye el acoso o el hostigamiento sexual.

Articulo 16.- Violencia en la Comunidad: Son los actos individuales o colectivos que transgreden derechos fundamentales de las mujeres y propician su denigración, discriminación, marginación o exclusión en el ámbito público.

Articulo 18.- Violencia Institucional: Son los actos u omisiones de las y los servidores públicos de cualquier orden de gobierno que discriminen, utilicen estereotipos de género o tengan como fin dilatar, obstaculizar o impedir el goce y ejercicio de los derechos humanos de las mujeres así como su acceso al disfrute de políticas públicas destinadas a prevenir, atender, investigar, sancionar y erradicar los diferentes tipos de violencia.

Artículo 20 Bis.- La violencia política contra las mujeres en razón de género: es toda acción u omisión, incluida la tolerancia, basada en elementos de género y ejercida dentro de la esfera pública o privada, que tenga por objeto o resultado limitar, anular o menoscabar el ejercicio efectivo de los derechos políticos y electorales de una o varias mujeres, el acceso al pleno ejercicio de las atribuciones inherentes a su cargo, labor o actividad, el libre desarrollo de la función pública, la toma de decisiones, la libertad de organización, así como el acceso y ejercicio a las prerrogativas, tratándose de precandidaturas, candidaturas, funciones o cargos públicos del mismo tipo.

Se entenderá que las acciones u omisiones se basan en elementos de género, cuando se dirijan a una mujer por su condición de mujer; le afecten desproporcionadamente o tengan un impacto diferenciado en ella.

Puede manifestarse en cualquiera de los tipos de violencia reconocidos en esta Ley y puede ser perpetrada indistintamente por agentes estatales, por superiores jerárquicos, colegas de trabajo, personas dirigentes de partidos políticos, militantes, simpatizantes, precandidatas, precandidatos, candidatas o candidatos postulados por los partidos políticos o representantes de los mismos; medios de comunicación y sus integrantes, por un particular o por un grupo de personas particulares

Artículo 20 Quáter.- Violencia digital es toda acción dolosa realizada mediante el uso de tecnologías de la información y la comunicación, por la que se exponga, distribuya, difunda, exhiba, transmita, comercialice, oferte, intercambie o comparta imágenes, audios o videos reales o simulados de contenido íntimo sexual de una persona sin su consentimiento, sin su aprobación o sin su autorización y que le cause daño psicológico, emocional, en cualquier ámbito de su vida privada o en su imagen propia.

Así como aquellos actos dolosos que causen daño a la intimidad, privacidad y/o dignidad de las mujeres, que se cometan por medio de las tecnologías de la información y la comunicación.

Para efectos del presente Capítulo se entenderá por Tecnologías de la Información y la Comunicación aquellos recursos, herramientas y programas que se utilizan para procesar, administrar y compartir la información mediante diversos soportes tecnológicos.

ARTÍCULO 21.- Violencia Feminicida: Es la forma extrema de violencia de género contra las mujeres, las adolescentes y las niñas, producto de la violación de sus derechos humanos y del ejercicio abusivo del poder, tanto en los ámbitos público y privado, que puede conllevar impunidad social y del Estado. Se manifiesta a través de conductas de odio y discriminación que ponen en riesgo sus vidas o culminan en muertes violentas como el feminicidio, el suicidio y el homicidio, u otras formas de muertes evitables y en conductas que afectan gravemente la integridad, la seguridad, la libertad personal y el libre desarrollo de las mujeres, las adolescentes y las niñas.

7. LEY DE LA ADMINISTRACIÓN PÚBLICA FEDERAL

Esta ley fue reformada mediante Decreto Publicado en el Diario Oficial de la Federación el 10 de enero de 1994, el cual a la letra establecía:

4.5.1. ARTICULO SEPTIMO. - De la Ley Federal de Responsabilidades de los Servidores Públicos se reforma el artículo 78 párrafo primero, se adicionan un artículo 77 bis y una fracción III al artículo 78, para quedar como sigue:

Artículo 77 bis.- Cuando en el procedimiento administrativo disciplinario se haya determinado la responsabilidad del servidor público y que la falta administrativa haya causado daños y perjuicios a particulares, éstos podrán acudir a las dependencias, entidades o a la Secretaría de la Contraloría General de la Federación para que ellas directamente reconozcan la responsabilidad de indemnizar la reparación del daño en cantidad líquida y, en consecuencia, ordenar el pago correspondiente, sin necesidad de que los particulares acudan a la instancia judicial o a cualquiera otra.

El Estado podrá repetir de los servidores públicos el pago de la indemnización hecha a los particulares.

Si el órgano del Estado niega la indemnización, o si el monto no satisface al reclamante, se tendrán expeditas, a su elección, la vía administrativa o judicial.

Cuando se haya aceptado una recomendación de la Comisión de Derechos Humanos en la que se proponga la reparación de daños y perjuicios, la autoridad competente se limitará a su determinación en cantidad líquida y la orden de pago respectiva.[47]

8. LEY FEDERAL DE RESPONSABILIDAD PATRIMONIAL DEL ESTADO

Publicada en el Diario Oficial de la Federación el 31 de diciembre de 2004, teniendo como su última reforma el día 20 de junio de 2021 y tiene por objeto fijar las bases y pro-

---

47 https://dof.gob.mx/nota_detalle.php?codigo=4657555&fecha=10/01/1994#gsc.tab=0

cedimientos para reconocer el derecho a la indemnización a quienes, sin obligación jurídica de soportarlo, sufran daños en cualquiera de sus bienes y derechos como consecuencia de la actividad administrativa irregular del Estado.

Así los dispositivos legales que se refieren a la indemnización son:

ARTÍCULO 11.- La indemnización por Responsabilidad Patrimonial del Estado derivada de la actividad administrativa irregular, deberá pagarse al reclamante de acuerdo a las modalidades que establece esta Ley y las bases siguientes:

a) *Deberá pagarse en moneda nacional;*

b) *Podrá convenirse su pago en especie;*

c) *La cuantificación de la indemnización se calculará de acuerdo a la fecha en que la lesión efectivamente se produjo o la fecha en que haya cesado cuando sea de carácter continuo;*

d) *En todo caso deberá actualizarse la cantidad a indemnizar al tiempo en que haya de efectuarse el cumplimiento de la resolución por la que se resuelve y ordena el pago de la indemnización;*

e) *En caso de retraso en el cumplimiento del pago de la indemnización procederá la actualización de conformidad con lo dispuesto en el Código Fiscal de la Federación, y*

f) *Los entes públicos federales podrán cubrir el monto de la indemnización mediante parcialidades en ejercicios fiscales subsecuentes, realizando una proyección de los pagos de acuerdo a lo siguiente:*

   1. *Los diversos compromisos programados de ejercicios fiscales anteriores y los que previsiblemente se presentarán en el ejercicio de que se trate;*

   2. *El monto de los recursos presupuestados o asignados en los cinco ejercicios fiscales previos al inicio del pago en parcialidades, para cubrir la Responsabilidad Patrimonial del*

Estado por la actividad administrativa irregular impuestas por autoridad competente, y

3. *Los recursos que previsiblemente serán aprobados y asignados en el rubro correspondiente a este tipo de obligaciones en los ejercicios fiscales subsecuentes con base en los antecedentes referidos en el numeral anterior y el comportamiento del ingreso-gasto.*

ARTÍCULO 12.- Las indemnizaciones corresponderán a la reparación integral del daño y, en su caso, por el daño personal y moral.

ARTÍCULO 13.- El monto de la indemnización por daños y perjuicios materiales se calculará de acuerdo con los criterios establecidos por la Ley de Expropiación, el Código Fiscal de la Federación, la Ley General de Bienes Nacionales y demás disposiciones aplicables, debiéndose tomar en consideración los valores comerciales o de mercado.

ARTÍCULO 14.- Los montos de las indemnizaciones se calcularán de la siguiente forma:

I. *En el caso de daños personales:*

   a) *Corresponderá una indemnización con base en los dictámenes médicos correspondientes, conforme a lo dispuesto para riesgos de trabajo en la Ley Federal del Trabajo, y*

   b) *Además de la indemnización prevista en el inciso anterior, el reclamante o causahabiente tendrá derecho a que se le cubran los gastos médicos que en su caso se eroguen, de conformidad con la propia Ley Federal del Trabajo disponga para riesgos de trabajo.*

II. *En el caso de daño moral, la autoridad administrativa o jurisdiccional, en su caso, calculará el monto de la indemnización de acuerdo con los criterios establecidos en el Código Civil Federal, debiendo tomar en consideración los dictámenes periciales ofrecidos por el reclamante.*

La indemnización por daño moral que el Estado esté obligado a cubrir no excederá del equivalente a 20,000 veces el salario mínimo general diario vigente en el Distrito Federal, por cada reclamante afectado, y

III. *En el caso de muerte, el cálculo de la indemnización se hará de acuerdo a lo dispuesto en el Código Civil Federal en su artículo 1915.*

ARTÍCULO 15.- Las indemnizaciones deberán cubrirse en su totalidad de conformidad con los términos y condiciones dispuestos por esta Ley y a las que ella remita. En los casos de haberse celebrado contrato de seguro contra la responsabilidad, ante la eventual producción de daños y perjuicios que sean consecuencia de la actividad administrativa irregular del Estado, la suma asegurada se destinará a cubrir el monto equivalente a la reparación integral. De ser ésta insuficiente, el Estado continuará obligado a resarcir la diferencia respectiva. El pago de cantidades líquidas por concepto de deducible corresponde al Estado y no podrá disminuirse de la indemnización.

9. LEY GENERAL DE SOCIEDADES MERCANTILES

Esta Ley fue publicada el 4 de agosto de 1934[48], teniendo su última refirma el 14 de junio de 2018, y que en lo medular establece:

Artículo 1o.- Esta Ley reconoce las siguientes especies de sociedades mercantiles:

I. *Sociedad en nombre colectivo;*

II. *Sociedad en comandita simple;*

III. *Sociedad de responsabilidad limitada;*

[48] Cámara de Diputados. Ley General de Sociedades Mercantiles. 2023

IV. *Sociedad anónima;*

V. *Sociedad en comandita por acciones*

VI. *Sociedad cooperativa, y*

VII. *Sociedad por acciones simplificada.*

Dicho ordenamiento establece en su artículo 6° que la escritura (expedida por Notario Público, con excepción de las Sociedades por Acción simplificada) o póliza (expedida por Corredor Público) constitutiva de una sociedad deberá contener:

Artículo 6o. La escritura o póliza constitutiva de una sociedad deberá contener:

I. *Los nombres, nacionalidad y domicilio de las personas físicas o morales que constituyan la sociedad;*

II. *El objeto de la sociedad;*

III. *Su razón social o denominación;*

IV. *Su duración, misma que podrá ser indefinida;*

V. *El importe del capital social;*

VI. *La expresión de lo que cada socio aporte en dinero o en otros bienes; el valor atribuido a éstos y el criterio seguido para su valorización.*

Cuando el capital sea variable, así se expresará indicándose el mínimo que se fije;

VII. *El domicilio de la sociedad;*

VIII. *La manera conforme a la cual haya de administrarse la sociedad y las facultades de los administradores;*

IX. *El nombramiento de los administradores y la designación de los que han de llevar la firma social;*

X. *La manera de hacer la distribución de las utilidades y pérdidas entre los miembros de la sociedad;*

XI. *El importe del fondo de reserva;*

XII. *Los casos en que la sociedad haya de disolverse anticipadamente, y*

XIII. *Las bases para practicar la liquidación de la sociedad y el modo de proceder a la elección de los liquidadores, cuando no hayan sido designados anticipadamente.*

Todos los requisitos a que se refiere este artículo y las demás reglas que se establezcan en la escritura sobre organización y funcionamiento de la sociedad constituirán los estatutos de la misma.

Debido a que nuestra investigación se refiere exclusivamente a las Sociedades Mercantiles, al daño moral que se les puede causar y a establecer en forma hipotética un quantum indemnizatorio, es menester aclarar que éstas, solo pueden constituirse al amparo de las leyes Federales, esto es, a la Ley General de Sociedades Mercantiles como base y a las demás especiales que tengan relación con ámbito comercial, como la Ley de instituciones de Crédito, la Ley de Uniones de Crédito, la Ley de Seguros y Fianzas, La ley de Sociedades Cooperativas, por mencionar algunas.

De lo anterior podemos colegir diversos elementos que al vulnerarse pueden constituir como ya mencionamos, un daño moral.

Así las cosas, procederemos a comentar brevemente las sociedades mercantiles que regula la mencionada Ley General de Sociedades Mercantiles

I. Sociedad en Nombre colectivo.

La Sociedad en nombre colectivo es aquella que existe bajo una razón social y en la que todos los socios responden, de modo subsidiario, ilimitada y solidariamente, de las obligaciones sociales.

La característica relevante de esta Sociedad es que su razón social se formará con el nombre de uno o más socios y cuando en ella no figuren los de todos se le añaden las palabras y compañía u otras equivalentes.

II. La Sociedad en comandita simple

Es la que existe bajo una razón social y se compone de uno o varios socios comanditados que responden, de manera subsidiaria, ilimitada y solidariamente, de las obligaciones sociales, y de uno o varios comanditarios que únicamente están obligados al pago de sus aportaciones.

La razón social igualmente se formará con los nombres de uno o más comanditados, seguidos de las palabras "y compañía" u otros equivalentes, cuando en ella no figuren los de todos. A la razón social se agregarán siempre las palabras "Sociedad en Comandita" o su abreviatura "S. en C".

III. La Sociedad de Responsabilidad limitada

Es la que se constituye entre socios que solamente están obligados al pago de sus aportaciones, sin que las partes sociales puedan estar representadas por títulos negociables, a la orden o al portador, pues sólo serán cedibles en los casos y con los requisitos que establece la presente Ley.

La sociedad de responsabilidad limitada existirá bajo una denominación o bajo una razón social que se formará con el nombre de uno o más socios. La denominación o la razón social irá inmediatamente seguida de las palabras "Sociedad de Responsabilidad Limitada" o de su abreviatura "S. de R. L."

IV. La sociedad en comandita por acciones

La sociedad en comandita por acciones, es la que se compone de uno o varios socios comanditados que responden de manera subsidiaria, ilimitada y solidariamente, de las obligaciones sociales, y de uno o varios comanditarios que únicamente están obligados al pago de sus acciones.

La sociedad en comandita por acciones en términos generales se regirá por las reglas relativas a la sociedad anónima, salvo algunas disposiciones expresas.

V. Sociedad anónima

Es la que existe bajo una denominación y se compone exclusivamente de socios cuya obligación se limita al pago de sus acciones.

La denominación se formará libremente, pero será distinta de la de cualquiera otra sociedad y al emplearse irá siempre seguida de las palabras "Sociedad Anónima" o de su abreviatura "S.A.".

Para su constitución se requiere:

I. Que haya 2 socios como mínimo y que cada uno de ellos suscriba una acción por lo menos;

II. Que en los estatutos sociales se establezca el monto mínimo del capital social y que esté íntegramente suscrito; si se adopta como Capital Variable, no hay límite para establecerlo.

III. Que se exhiba en dinero efectivo, cuando menos el 20% del valor de cada acción pagadera en numerario y

IV. Que se exhiba íntegramente el valor de cada acción que haya de pagarse, en todo o en parte, con bienes distintos del numerario.

El artículo 90 de la ley en comento establece que la Sociedad anónima puede constituirse por la comparecencia ante Fedatario Público (Notario Público o Corredor Público) de las personas que otorguen la escritura o póliza correspondiente; si se constituye por suscripción pública, se debe sujetar a la Ley del Mercado de Valores.

Además de los requisitos básicos anteriormente mencionados, la Escritura Constitutiva o Póliza de la Sociedad anónima, debe contener:

I.- La parte exhibida del capital social; II.- El número, valor nominal y naturaleza de las acciones en que se divide el capital; III.- La forma y términos en que deba pagarse la parte insoluta de las acciones; IV.- La participación en las utilidades concedidas a los fundadores; V.- El nombramiento de uno o varios comisarios; VI.- Las facultades de la Asamblea General y las condiciones para la validez de sus deliberaciones, así como para el ejercicio del derecho de voto, en cuanto las disposiciones legales puedan ser modificadas por la voluntad de los socios; VII.- En su caso, las estipulaciones que: a).- impongan restricciones de cualquier naturaleza a la transmisión de propiedad o derechos, respecto de las acciones de una misma serie o clase representativas del capital social, b).- Establezcan causales de exclusión de socios o para ejercer derechos de separación, de retiro, o bien para amortizar acciones, así como el precio o las bases para su determinación; c).- Permitan emitir acciones que: 1. No confieran derecho de voto o que el voto se restrinja a algunos asuntos .2. Otorguen derechos sociales no económicos distintos al derecho de voto o exclusivamente el derecho de voto. 3. Confieran el derecho de veto o requieran del voto favorable de uno o más accionistas, respecto de las resoluciones de la asamblea general de accionistas. Las acciones a que se refiere este inciso, computarán para la determinación del quórum requerido para la instalación y votación en las asambleas de accionistas, exclusivamente en los asuntos respecto de los cuales confieran el derecho de voto a sus titulares. d) Implementen mecanismos a seguir en caso de que los accionistas no lleguen a acuerdos respecto de asuntos específicos. e) Amplíen, limiten o nieguen el derecho de suscripción preferente a que se refiere el artículo 132 de la Ley General de Sociedades Mercantiles. f) Permitan limitar la responsabilidad en los daños y perjuicios ocasionados por sus consejeros y funcionarios, derivados de los actos que ejecuten o por las decisiones que adopten, siempre que no se trate de actos dolosos o de mala fe, o bien, ilícitos conforme a ésta u otras leyes.

El artículo 111 de la ley en comento, establece que las acciones en que se divide el capital social de una sociedad anónima estarán representadas por títulos nominativos que servirán para acreditar y transmitir la calidad y los derechos de socio, y se regirán por las disposiciones relativas a valores literales, en lo que sea compatible con su naturaleza y no sea modificado por la presente Ley.

Las acciones. Las acciones serán de igual valor y conferirán iguales derechos.Sin embargo, en el contrato social podrá estipularse que el capital se divida en varias clases de acciones con derechos especiales para cada clase.

Los títulos de las acciones y los certificados provisionales deberán expresar: I.- El nombre, nacionalidad y domicilio del accionista; II.- La denominación, domicilio y duración de la sociedad; III.- La fecha de la constitución de la sociedad y los datos de su inscripción en el Registro Público de Comercio; IV.- El importe del capital social, el número total y el valor nominal de las acciones. Si el capital se integra mediante diversas o sucesivas series de acciones, las mencionas del importe del capital social y del número de acciones se concretarán en cada emisión, a los totales que se alcancen con cada una de dichas series. Cuando así lo prevenga el contrato social, podrá omitirse el valor nominal de las acciones, en cuyo caso se omitirá también el importe del capital social.- V.- Las exhibiciones que sobre el valor de la acción haya pagado el accionista, o la indicación de ser liberada; VI.- La serie y número de la acción o del certificado provisional, con indicación del número total de acciones que corresponda a la serie; VII. Los derechos concedidos y las obligaciones impuestas al tenedor de la acción, y en su caso, a las limitaciones al derecho de voto y en específico las estipulaciones previstas en la fracción VII del artículo 91 de esta Ley. VIII.- La firma autógrafa de los administradores que conforme al contrato social deban suscribir el documento, o bien la firma impresa en facsímil de dichos administradores a condición, en este último caso, de que se deposite el original de las firmas respectivas en el Registro Público de Comercio en que se haya registrado la Sociedad.

La administración. La administración de la sociedad anónima estará a cargo de uno o varios mandatarios temporales y revocables, quienes pueden ser socios o personas extrañas a la sociedad. Cuando los administradores sean dos o más, constituirán el Consejo de Administración.

La vigilancia. La vigilancia de la sociedad anónima estará a cargo de uno o varios Comisarios, temporales y revocables, quienes pueden ser socios o personas extrañas a la sociedad.

Órgano Supremo. La asamblea General de accionistas es el órgano Supremo de la Sociedad; podrá acordar y ratificar todos los actos y operaciones de ésta y sus resoluciones serán cumplidas por la persona que ella misma designe, o a falta de designación, por el Administrador o por el Consejo de Administración.

Las Asambleas. Las Asambleas Generales de Accionistas son ordinarias y Extraordinarias. Unas y otras se reunirán en el domicilio social, y sin este requisito serán nulas, salvo caso fortuito o de fuerza mayor.

Ahora bien, aun cuando podemos señalar más información de las Sociedades Anónimas, la cual desde luego establece la ley General de Sociedades Mercantiles en lo referente a la escisión, transformación, fusión y de la disolución y liquidación de las sociedades; en este caso, es innecesario, pues el objeto de esta aportación es justamente señalar solo lo medular de cómo se encuentran integradas estas personas morales; es decir, las Sociedades Mercantiles

V. La Sociedad en comandita por acciones

Sociedad en comandita por acciones. Se compone de uno o varios socios comanditados que responden de manera subsidiaria, ilimitada y solidariamente de las obligaciones sociales y de uno o varios comanditarios que únicamente están obligados al pago de sus acciones. La sociedad existe bajo una razón social formada con los nombres de uno o más comanditados seguidos de las palabras "y compañía" u otros equivalentes cuando no figuren los de todos. Su denominación o razón social estará seguida por las palabras "Sociedad en comandita por acciones" o por su abreviatura "s en c por a"

VI. La Sociedad Cooperativa.[49]

Aunque también es de naturaleza mercantil, esta Sociedad se encuentra regulada por la Ley General de Sociedades Cooperativas y es una forma de organización social integrada por personas físicas con base en intereses comunes y en los principios de solidaridad, esfuerzo propio y ayuda mutua, con el propósito de satisfacer necesidades individuales y colectivas, a través de la realización de actividades económicas de producción, distribución y consumo de bienes y servicios.

VII. La Sociedad de Acciones simplificada

La sociedad por acciones simplificada es aquella que se constituye con una o más personas físicas que solamente están obligadas al pago de sus aportaciones representadas en acciones. En ningún caso las personas físicas podrán ser simultáneamente accionistas de otro tipo de sociedad mercantil a que se refieren las fracciones I a VII, del artículo 1o. de la Ley General de Sociedades Mercantiles, si su participación en dichas sociedades mercantiles les permite tener el control de la sociedad

[49] Ley General de Sociedades Cooperativas

o de su administración, en términos del artículo 2, fracción III de la Ley del Mercado de Valores.

Capitulo VII.

México en las convenciones internacionales de Latinoamérica sobre derechos humanos (OEA)

Los derechos humanos es un tema que internacionalmente se ha reconocido por diversos organismos internacionales. La ONU (Organización de las Naciones Unidas, como la OEA Organización de los Estados Americanos, han privilegiado garantizar la protección de los derechos humanos a través de Tratados, Convenciones, Comisiones interamericanas dentro de sus países miembros, con el exclusivo objetivo de proteger los derechos humanos de los individuos, en especial, la vida, la honra, la reputación, y garantizando la protección de los derechos humanos que en especial se señalarán.

Debido a que nuestro país forma parte de la ONU y de que Latinoamérica a través de los OEA, ha firmado con los países de la región, es menester señalar que la Organización de Estados Americanos es una entidad panamericana de ámbito regional y continental de la que México se adhirió el 30 de abril de 1948. Derivado de su creación y con el objeto de fomentar el desarrollo sostenible, la paz y la seguridad y los derechos humanos, ha celebrado diversas convenciones y tratados de los cuales México ha suscrito la gran mayoría con el objeto preponderantemente de defender y preservar los valores del multilateralismo y la cooperación internacional.

A continuación, mencionaremos algunas de las convenciones que en nuestra opinión se encuentran relacionadas con los fundamentales derechos humanos.

I.- La convención Interamericana de los Derechos Humanos, creada en San José Costa Rica, en el año de 1969, En dicha convención se establecen medularmente los derechos siguientes:

1. TRATADOS INTERNACIONALES SOBRE DERECHOS HUMANOS

Los Convenios Internacionales son instrumentos de carácter normativo, en donde existe una concordancia de voluntades entre dos o más sujetos de Derecho Internacional, destinados a producir efectos jurídicos y con el fin de crear derechos y obligaciones entre las Partes.

La Primera Conferencia Internacional Americana tuvo lugar en Washington, D.C., del 2 de octubre de 1889 al 19 de abril de 1890, "con el objeto de discutir y recomendar a los respectivos Gobiernos la adopción de un plan de arbitraje para el arreglo de los desacuerdos y cuestiones que puedan en lo futuro suscitarse entre ellos; de tratar de asuntos relacionados con el incremento del tráfico comercial y de los medios de comunicación directa entre dichos países; de fomentar aquellas relaciones comerciales recíprocas que sean provechosas para todos y asegurar mercados más amplios para los productos de cada uno de los referidos países".

La primera, realizada en México en 1945, tuvo por objeto debatir actividades conjuntas a ser emprendidas por los Estados americanos en concordancia con las Naciones Unidas, que en ese entonces estaba en proceso de formación.

En la actualidad existen 35 miembros de la OEA, entre los que se encuentra nuestro país.

2. COMISIÓN INTERAMERICANA DE DERECHOS HUMANOS

La Convención Americana sobre derechos Humanos[50] suscrita en la Conferencia especializada interamericana sobre derechos humanos. Pacto San José, 1969.

Esencialmente se establece que los Estados miembros tienen obligación de respetar los derechos y libertades que en ella se reconocen para las personas.

Estableciendo en el 2. Punto del artículo 1. Para los efectos de la Convención, persona es todo ser humano.

Toda persona tiene derecho al reconocimiento de su personalidad jurídica; a que se respete su vida; a que se respete su integridad física, psíquica y moral; Que nadie debe ser sometido a torturas ni a penas o tratos crueles, inhumanos o degradantes; Que toda persona privada de libertad será tratada con el respeto debido a la dignidad inherente al ser humano. (repetido art. 5°.)

A que nadie puede ser sometido a esclavitud o servidumbre; derecho a la libertad y seguridad personales; toda persona tiene derecho a ser oída, con las debidas garantías y dentro de un plazo razonable por un juez o tribunal competente, independiente e imparcial establecido con anterioridad por la ley en la sustanciación de cualquier acusación penal formulada contra ella y a que se presuma su inocencia. Igualmente, el derecho a indemnización señalándose en el artículo 10 que toda persona tiene derecho a ser indemnizada conforme a la ley en caso de haber sido condenada en sentencia firme por error judicial

---

50 https://www.cndh.org.mx/sites/default/files/doc/Programas/TrataPersonas/MarcoNormativoTrata/InsInternacionales/Regionales/Convencion_ADH.pdf

Se establece también que toda persona tiene derecho a la libertad de pensamiento y de expresión comprendiendo la libertad de buscar, recibir y difundir informaciones e ideas de toda índole, sin consideración de fronteras, ya sea oralmente por escrito o en forma impresa o artística; El respeto a los derechos o a la reputación de los demás

Podrán ser incluidos en el régimen de protección de la mencionada Convención otros derechos y libertades que sean reconocidos de acuerdo con determinados procedimientos

3. DECLARACIÓN AMERICANA DE LOS DERECHOS Y DEBERES DEL HOMBRE

Al igual que la Convención Interamericana de Derechos Humanos señalada en el punto que antecede, esta Declaración de los Derechos y deberes del hombre, fue Suscrita por nuestro país en Bogotá Colombia en el año 1948 [51]tiene como objetivo principal que se dignifique a la persona humana, obligando a las instituciones a la protección de sus derechos esenciales y la creación de circunstancias que le permitan progresar espiritual y materialmente y alcanzar la felicidad

En lo medular dicha conferencia establece que toda persona tiene derecho a la protección de la ley contra los ataques abusivos de su honra, a su reputación y a su vida privada y familiar.- Derecho a la vida, a la libertad y a la seguridad de su persona, son iguales ante la ley y tienen los derechos y deberes sin distinción de raza, sexo, idioma, credo ni otra alguna; creencia religiosa, libertad de investigación, de opinión, de expresión y de difusión en cualquier medio; a la inviolabilidad de su domicilio; derecho a que su salud sea preservada por medidas

---

[51] OEA :: CIDH :: Declaración Americana de los Derechos y Deberes del Hombre (oas.org)

sanitarias y sociales, relativas a la alimentación, el vestido y la asistencia médica, correspondientes al nivel que permitan los recursos públicos y los de la comunidad.

Igualmente contempla el derecho a la educación, la que debe estar inspirada en los principios de libertad, moralidad y solidaridad humanas; Derecho de buscar y recibir asilo en territorio extranjero en caso de persecución que no sea motivado por delitos de derecho común.

Igualmente se establece que la persona humana tiene derecho a la protección de los intereses morales y materiales que le correspondan por razón de los inventos, obras literarias, científicas y artísticas de que sea autor.

4. DECLARACIÓN DE PRINCIPIOS SOBRE LA LIBERTAD DE EXPRESIÓN[52]

La actividad periodística debe regirse por conductas éticas, las cuales en ningún caso pueden ser impuestas por los Estados.

Según esta Declaración, la idea de desarrollar los principios sobre Libertad de Expresión nació en reconocimiento a la necesidad de otorgar un marco jurídico que regule la efectiva protección de la libertad de expresión en el hemisferio, incorporando las principales doctrinas reconocidas en diversos instrumentos internacionales.

En el año de 1998 la Relatoría especial de la Comisión Interamericana de Derechos humanos busco estimular la defensa hemisférica del derecho a la libertad de pensamiento y de expresión, considerando su papel fundamental en la consolida-

---

52 https://www.oas.org/es/cidh/expresion/showarticle.asp?artID=132&lID=2#:~:text=Toda%20persona%20tiene%20derecho%20a,a%20la%20libertad%20de%20expresi%C3%B3n.

ción y desarrollo del sistema democrático; Debido a que los jefes de Estado miembros de la Comisión coincidieron en que la prensa libre juega un papel fundamental para la defensa de los derechos humanos y resaltan la importancia de garantizar la libertad de expresión, de información y de opinión, por lo que se llevaron a cabo diversas reuniones de los países miembros, para establecer disposiciones legales en sus respectivos ordenamientos jurídicos con el fin de proteger el derecho de cada individuo en su libertad de pensamiento y expresión para difundir información e ideas a través de cualquier medio de comunicación.

Nuestra carta magna la regula en sus artículos 6 y 7 constitucionales[53]

---

[53] Artículo 6º Constitucional. La manifestación de las ideas no será objeto de ninguna inquisición judicial o administrativa, sino en el caso de que ataque a la moral, la vida privada o los derechos de terceros, provoque algún delito, o perturbe el orden público; el derecho de réplica será ejercido en los términos dispuestos por la ley. El derecho a la información será garantizado por el Estado.
Toda persona tiene derecho al libre acceso a información plural y oportuna, así como a buscar, recibir y difundir información e ideas de toda índole por cualquier medio de expresión.
El Estado garantizará el derecho de acceso a las tecnologías de la información y comunicación, así como a los servicios de radiodifusión y telecomunicaciones, incluido el de banda ancha e internet. Para tales efectos, el Estado establecerá condiciones de competencia efectiva en la prestación de dichos servicios.
Para efectos de lo dispuesto en el presente artículo se observará lo siguiente:
A. Para el ejercicio del derecho de acceso a la información, la Federación y las entidades federativas, en el ámbito de sus respectivas competencias, se regirán por los siguientes principios y bases:-I. Toda la información en posesión de cualquier autoridad, entidad, órgano y organismo de los Poderes Ejecutivo, Legislativo y Judicial, órganos autónomos, partidos políticos, fideicomisos y fondos públicos, así como de cualquier persona física, moral o sindicato que

---

reciba y ejerza recursos públicos o realice actos de autoridad en el ámbito federal, estatal y municipal, es pública y sólo podrá ser reservada temporalmente por razones de interés público y seguridad nacional, en los términos que fijen las leyes. En la interpretación de este derecho deberá prevalecer el principio de máxima publicidad. Los sujetos obligados deberán documentar todo acto que derive del ejercicio de sus facultades, competencias o funciones, la ley determinará los supuestos específicos bajo los cuales procederá la declaración de inexistencia de la información. II. La información que se refiere a la vida privada y los datos personales será protegida en los términos y con las excepciones que fijen las leyes. III. Toda persona, sin necesidad de acreditar interés alguno o justificar su utilización, tendrá acceso gratuito a la información pública, a sus datos personales o a la rectificación de éstos. IV. Se establecerán mecanismos de acceso a la información y procedimientos de revisión expeditos que se sustanciarán ante los organismos autónomos especializados e imparciales que establece esta Constitución. V. Los sujetos obligados deberán preservar sus documentos en archivos administrativos actualizados y publicarán, a través de los medios electrónicos disponibles, la información completa y actualizada sobre el ejercicio de los recursos públicos y los indicadores que permitan rendir cuenta del cumplimiento de sus objetivos y de los resultados obtenidos. VI. Las leyes determinarán la manera en que los sujetos obligados deberán hacer pública la información relativa a los recursos públicos que entreguen a personas físicas o morales. VII. La inobservancia a las disposiciones en materia de acceso a la información pública será sancionada en los términos que dispongan las leyes. VIII. La Federación contará con un organismo autónomo, especializado, imparcial, colegiado, con personalidad jurídica y patrimonio propio, con plena autonomía técnica, de gestión, capacidad para decidir sobre el ejercicio de su presupuesto y determinar su organización interna, responsable de garantizar el cumplimiento del derecho de acceso a la información pública y a la protección de datos personales en posesión de los sujetos obligados en los términos que establezca la ley. El organismo autónomo previsto en esta fracción, se regirá por la ley en materia de transparencia y acceso a la información pública y protección de datos personales en posesión de sujetos obligados, en los términos que establezca la ley general que emita el Congreso de la Unión para establecer las bases, principios generales y procedimientos del ejercicio de este derecho. En su funcionamiento se regirá por los principios de certeza, legalidad, independencia, imparcialidad, eficacia, objetividad, profesionalismo, transparencia y máxima publicidad. El organismo garante tiene competencia para conocer de los asuntos relacionados con el acceso a la información pública y la protección de datos personales de cualquier autoridad, entidad, órgano u organismo que forme parte de alguno de los Poderes Legislativo, Ejecutivo y Judicial, órganos autónomos, partidos políticos, fideicomisos y fondos públicos, así como de cualquier persona física, moral o sindicatos que reciba y ejerza recursos públicos o realice actos de autoridad en el ámbito federal; con excepción de aquellos asuntos jurisdiccionales que correspondan a la Suprema Corte de Justicia de la Nación, en cuyo caso resolverá un comité integrado por tres ministros. También conocerá de los recursos que interpongan los particulares respecto de las resoluciones de los organismos autónomos especializados de las entidades federativas que determinen la reserva, confidencialidad, inexistencia o negativa de la información, en los términos que establezca la ley. El organismo garante federal, de oficio o a petición fundada del organismo garante equivalente de las entidades federativas, podrá conocer de los recursos de revisión que por su interés y trascendencia así lo ameriten. La ley establecerá aquella información que se considere reservada o confidencial. Las resoluciones del organismo garante son vinculatorias, definitivas e inatacables para los sujetos obligados. El Consejero Jurídico del Gobierno podrá interponer recurso de revisión ante la Suprema Corte de Justicia de la Nación en los términos que establezca la ley, sólo en el caso que dichas resoluciones puedan poner en peligro la seguridad nacional conforme a la ley de la materia. El organismo garante se integra por siete comisionados. Para su nombramiento, la Cámara de Senadores, previa realización de una amplia consulta a la sociedad, a propuesta de los grupos parlamentarios, con el voto de las dos terceras partes de los miembros presentes, nombrará al comisionado que deba cubrir la vacante, siguiendo el proceso establecido en la ley. El nombramiento podrá ser objetado por el Presidente de la República en un plazo de diez días hábiles. Si el Presidente de la República no objetara el nombramiento dentro de dicho plazo, ocupará el cargo de comisionado la persona nombrada por el Senado de la República. En caso de que el Presidente de la República objetara el nombramiento, la Cámara de Senadores nombrará una nueva propuesta, en los términos del párrafo anterior, pero con una votación de las tres quintas partes de los miembros presentes. Si este segundo nombramiento fuera objetado, la Cámara de Senadores, en los términos del párrafo anterior, con la votación de las tres quintas partes de los miembros presentes, designará al comisionado que ocupará la vacante. Los comisionados durarán en su encargo siete años y deberán cumplir con los requisitos previstos en las fracciones I, II, IV, V y VI del artículo 95 de esta Constitución, no podrán tener otro empleo, cargo o comisión, con excepción de los no remunerados en instituciones docentes, científicas o de beneficencia, sólo podrán ser removidos de su cargo en los términos del Título Cuarto de esta Constitución y serán sujetos de juicio político. En la conformación del organismo garante se procurará la equidad de género. El comisionado presidente será designado por los propios comisionados, mediante voto secreto, por un periodo de tres años, con posibilidad de ser reelecto por un periodo igual, estará obligado a rendir un informe anual ante el Senado, en la fecha y en los términos que disponga la ley. El organismo garante tendrá un Consejo Consultivo, integrado por diez consejeros, que serán elegidos por el voto de las dos terceras partes de los miembros presentes de la Cámara de Senadores. La ley determinará los procedimientos a seguir para la presentación de las propuestas por la propia Cámara. Anualmente serán sustituidos los dos consejeros de mayor antigüedad en el cargo, salvo que fuesen propuestos y ratificados para un segundo periodo. La ley establecerá las medidas de apremio que podrá imponer el organismo garante para asegurar el cumplimiento de sus decisiones. Toda autoridad y servidor público estará obligado a coadyuvar con el organismo garante y sus integrantes para el buen desempeño de sus funciones. El organismo garante coordinará sus acciones con la Auditoría Superior de la Federación, con la entidad especializada en materia de archivos y con el organismo encargado de regular la captación, procesamiento y publicación de la información estadística y geográfica, así como con los organismos garantes de las entidades federativas, con el objeto de fortalecer la rendición de cuentas del Estado Mexicano. B. En materia de radiodifusión y telecomunicaciones: I.

El Estado garantizará a la población su integración a la sociedad de la información y el conocimiento, mediante una política de inclusión digital universal con metas anuales y sexenales. II. Las telecomunicaciones son servicios públicos de interés general, por lo que el Estado garantizará que sean prestados en condiciones de competencia, calidad, pluralidad, cobertura universal, interconexión, convergencia, continuidad, acceso libre y sin injerencias arbitrarias. III. La radiodifusión es un servicio público de interés general, por lo que el Estado garantizará que sea prestado en condiciones de competencia y calidad y brinde los beneficios de la cultura a toda la población, preservando la pluralidad y la veracidad de la información, así como el fomento de los valores de la identidad nacional, contribuyendo a los fines establecidos en el artículo 3o. de esta Constitución. IV. Se prohíbe la transmisión de publicidad o propaganda presentada como información periodística o noticiosa; se establecerán las condiciones que deben regir los contenidos y la contratación de los servicios para su transmisión al público, incluidas aquellas relativas a la responsabilidad de los concesionarios respecto de la información transmitida por cuenta de terceros, sin afectar la libertad de expresión y de difusión.
V. La ley establecerá un organismo público descentralizado con autonomía técnica, operativa, de decisión y de gestión, que tendrá por objeto proveer el servicio de radiodifusión sin fines de lucro, a efecto de asegurar el acceso al mayor número de personas en cada una de las entidades de la Federación, a contenidos que promuevan la integración nacional, la formación educativa, cultural y cívica, la igualdad entre mujeres y hombres, la difusión de información imparcial, objetiva, oportuna y veraz del acontecer nacional e internacional, y dar espacio a las obras de producción independiente, así como a la expresión de la diversidad y pluralidad de ideas y opiniones que fortalezcan la vida democrática de la sociedad.
El organismo público contará con un Consejo Ciudadano con el objeto de asegurar su independencia y una política editorial imparcial y objetiva. Será integrado por nueve consejeros honorarios que serán elegidos mediante una amplia consulta pública por el voto de dos terceras partes de los miembros presentes de la Cámara de Senadores o, en sus recesos, de la Comisión Permanente. Los consejeros desempeñarán su encargo en forma escalonada, por lo que

y articulo 19[54] de la Declaración Universal de los Derechos humanos.

---

anualmente serán sustituidos los dos de mayor antigüedad en el cargo, salvo que fuesen ratificados por el Senado para un segundo periodo.

El Presidente del organismo público será designado, a propuesta del Ejecutivo Federal, con el voto de dos terceras partes de los miembros presentes de la Cámara de Senadores o, en sus recesos, de la Comisión Permanente; durará en su encargo cinco años, podrá ser designado para un nuevo periodo por una sola vez, y sólo podrá ser removido por el Senado mediante la misma mayoría.

El Presidente del organismo presentará anualmente a los Poderes Ejecutivo y Legislativo de la Unión un informe de actividades; al efecto comparecerá ante las Cámaras del Congreso en los términos que dispongan las leyes.

VI. La ley establecerá los derechos de los usuarios de telecomunicaciones, de las audiencias, así como los mecanismos para su protección.

Artículo 7o. Es inviolable la libertad de difundir opiniones, información e ideas, a través de cualquier medio. No se puede restringir este derecho por vías o medios indirectos, tales como el abuso de controles oficiales o particulares, de papel para periódicos, de frecuencias radioeléctricas o de enseres y aparatos usados en la difusión de información o por cualesquiera otros medios y tecnologías de la información y comunicación encaminados a impedir la transmisión y circulación de ideas y opiniones.

Ninguna ley ni autoridad puede establecer la previa censura, ni coartar la libertad de difusión, que no tiene más límites que los previstos en el primer párrafo del artículo 6o. de esta Constitución. En ningún caso podrán secuestrarse los bienes utilizados para la difusión de información, opiniones e ideas, como instrumento del delito.

54 https://www.un.org/es/about-us/universal-declaration-of-human-rights#:~:text=Art%C3%ADculo%2019,por%20cualquier%20medio%20de%20expresi%C3%B3n. Artículo 19 Todo individuo tiene derecho a la libertad de opinión y de expresión; este derecho incluye el de no ser molestado a causa de sus opiniones, el de investigar y recibir informaciones y opiniones, y el de difundirlas, sin limitación de fronteras, por cualquier medio de expresión.

No obstante lo dispuesto en estos principios y que las leyes de privacidad no deben inhibir ni restringir la investigación y difusión de información de interés público, es necesario establecer que independientemente de dicha libertad de expresión, también conforme al tema que nos ocupa, debe existir la protección a la reputación y en caso de la violación a ese derecho humano, debe sancionarse. Lo anterior se encuentra en el primer apartado del Principio 10 que a la letra dice: “Este principio establece que toda persona tiene el derecho pleno de ejercer su libertad de expresión sin la exigencia de títulos o asociaciones que legitimen dicho derecho. Como se ha expresado anteriormente, la Corte Interamericana ha manifestado que el ejercicio de la libertad de expresión requiere que nadie sea arbitrariamente menoscabado o impedido de manifestar su propio pensamiento, por lo que éste representa un derecho de cada individuo, pero también, por otro lado, un derecho colectivo a recibir cualquier información y a conocer la expresión del pensamiento ajeno. Cuando la Convención Americana proclama que la libertad de pensamiento y expresión comprende el derecho de difundir información e ideas a través de cualquier medio está señalando que la expresión y la difusión del pensamiento son indivisibles, de modo que una restricción de las posibilidades de divulgación representa directamente, y en la misma medida, un límite al derecho de expresarse libremente”

5. PROTOCOLO ADICIONAL A LA CADH EN MATERIA DE DERECHOS ECONÓMICOS, SOCIALES Y CULTURALES (PROTOCOLO DE SAN SALVADOR) [55]

Con el propósito de reafirmar la protección de derechos del continente americano y derivado del Pacto de San José res-

[55] https://www.oas.org/juridico/spanish/firmas/a-52.html

pecto de los derechos humanos, el 17 de noviembre de 1988 fue firmado este Pacto.

En el suscribieron los siguientes países: Argentina, Bolivia, Brasil, Chile, Colombia, Costa Rica, Ecuador, El Salvador, Guatemala, Haití, Honduras, México, Nicaragua, Panamá, Paraguay, Perú, República Dominicana, Suriname, Uruguay y Venezuela.

El punto medular de este Tratado Internacional es obligación de los países miembros en adoptar las medidas en materia económica y técnica hasta el máximo de los recursos disponibles y tomando en cuenta el grado de desarrollo de cada país a fin de lograr efectividad en materia de los derechos económicos,, socia.es y culturales.

Al ratificar este protocolo México lo hace en el entendimiento de que el artículo 8°. Del mismo se aplicará en toda la república mexicana conforme lo previsto en la Carta Magna. Dicho artículo establece:

"Artículo 8 Derechos Sindicales

1. Los Estados partes garantizarán:

a. el derecho de los trabajadores a organizar sindicatos y a afiliarse al de su elección, para la protección y promoción de sus intereses. Como proyección de este derecho, los Estados partes permitirán a los sindicatos formar federaciones y confederaciones nacionales y asociarse a las ya existentes, así como formar organizaciones sindicales internacionales y asociarse a la de su elección. Los Estados partes también permitirán que los sindicatos, federaciones y confederaciones funcionen libremente.

b. el derecho a la huelga.

2. El ejercicio de los derechos enunciados precedentemente sólo puede estar sujeto a las limitaciones y restricciones previstas por la ley, siempre que éstos sean propios a una sociedad democrática, necesarios para salvaguardar el orden público, para proteger la salud o la moral públicas, así como los derechos y las libertades de los demás. Los miembros de las fuerzas armadas y de policía, al igual que los de otros servicios públicos esenciales, estarán sujetos a las limitaciones y restricciones que imponga la ley.

3. Nadie podrá ser obligado a pertenecer a un sindicato."

6. CONVENCIÓN INTERAMERICANA CONTRA EL RACISMO, LA DISCRIMINACIÓN RACIAL Y FORMAS CONEXAS DE INTOLERANCIA[56]

Esta Convención fue suscrita por nuestro país en el año 2013 y entró en vigor en el año 2017, siendo los países signatarios Antigua y Barbuda, Argentina, Bolivia, Brasil, Chile, Colombia, Costa Rica, Ecuador, Haiti, México, Panamá, Perú y Uruguay. El 21 de enero de 2020 México procedió al depósito del instrumento de ratificación de la Convención Interamericana contra el Racismo, la Discriminación Racial y Formas Conexas de Intolerancia, en la sede de la OEA, en Washington, D. C., Estados Unidos.

Medularmente los países miembros reconocen la obligación de adoptar medidas en el ámbito nacional y regional para fomentar y estimular el respeto y la observancia de los derechos humanos y las libertades fundamentales de todos los individuos y grupos sometidos a su jurisdicción, sin distinción alguna por motivos de raza, color, linaje u origen nacional o étnico, destacando los artículos 2 y 3 que establecen: "Artículo 2.-Todo ser humano es igual ante la ley y tiene derecho a igual protección contra el racismo, la discriminación racial y formas conexas de intolerancia en cualquier ámbito de la vida pública o privada.- Artículo 3.Todo ser humano tiene derecho al reconocimiento, goce, ejercicio y protección, en condiciones de

---

56 https://www.oas.org/es/sla/ddi/tratados_multilaterales_interamericanos_A-68_racismo.asp

igualdad, de todos los derechos humanos y libertades fundamentales consagrados en sus leyes nacionales y en el derecho internacional aplicables a los Estados Partes, tanto a nivel individual como colectivo".

7. CONVENCIÓN INTERAMERICANA CONTRA TODA FORMA DE DISCRIMINACIÓN E INTOLERANCIA

Dicha convención fue suscrita en La Antigua, Guatemala el 6 de mayo de 2013.- México, procedió al depósito del instrumento de ratificación de la Convención Interamericana contra el Racismo, la discriminación racial y formas conexas de intolerancia, en la sede de la OEA, en Washington, D.C. el 21 de enero de 2020[57]

En lo medular establece

Artículo 1.- Para los efectos de esta Convención.- La discriminación es cualquier distinción, exclusión, restricción o preferencia, en cualquier ámbito público o privado, que tenga el objetivo o el efecto de anular o limitar el reconocimiento, goce o ejercicio, en condiciones de igualdad, de uno o más derechos humanos o libertades fundamentales consagrados en los instrumentos internacionales aplicables a los Estados Partes.

La discriminación puede estar basada en motivos raza, color, linaje, u origen nacional y étnico.

2.- Discriminación racial indirecta.- Es la que se produce en la esfera pública o privada, cuando una disposición, un criterio o una práctica, aparentemente neutro es susceptible de implicar una desventaja particular para las personas que pertenecen a un grupo específico basado en los motivos establecidos en el artículo 1.1. o los pone en desventaja, a menos que dicha

---

57 https://www.oas.org/juridico/spanish/Tratados/a-52.html

disposición, criterio o práctica tenga un objetivo o justificación razonable y legítimo a la luz del derecho internacional de los derechos humanos.

3.- Discriminación múltiple o agraviada es cualquier preferencia, distinción, exclusión o restricción basada de forma concomitante, en dos o mas de los motivos mencionados en el artículo 1.1 u otros reconocidos en instrumentos internacionales que tenga por objeto o efecto anular o limitar, el reconocimiento, goce o ejercicio, en condiciones de igualdad, de uno o mas derechos y libertades fundamentales consagradas en los instrumentos internacionales aplicables a los Estados Partes, en cualquier ámbito de la vida pública o privada.

4.- El racismo consiste en cualquier teoría, doctrina, ideologíao conjunto de ideas que enuncian un vínculo causal entre las características fenotípicas de individuos o grupos y sus rasgos intelectuales, culturales y de personalidad, incluido el falso concepto de la superioridad facial.

Derechos protegidos. Todo ser humano es igual ante la ley y tiene derecho a igual protección contra el racismo, la discriminación racial y formas conexas de intolerancia en cualquier ámbito de la vida pública o privada.

Todo ser humano tiene derecho al reconocimiento, goce, ejercicio y protección, en condiciones de igualdad, de todos los derechos humanos y libertades fundamentales consagrados en sus leyes nacionales y en el derecho internacional aplicables a los Estados Partes, tanto a nivel individual como colectivo.[58]

---

[58] https://www.oas.org/es/sla/ddi/tratados_multilaterales_interamericanos_A-68_racismo.asp

8. CONVENCIÓN INTERAMERICANA PARA PREVENIR Y SANCIONAR LA VIOLENCIA CONTRA LA MUJER (CONVENCIÓN BELEM DO PARA) [59]

La Convención se realizó en Brasil en el año 1994, inicialmente se integró por 7 miembros y actualmente son treinta los países signatarios entre los que México forma parte. En Marzo de 1995 entró en vigor.

Medularmente los países miembros reconocen el respeto irrestricto a todos los derechos humanos que las mujeres deben tener, sin importar clase, raza o grupo étnico, nivel de ingresos, cultura, educación, edad o religión, en cualquier entorno, y en donde la mujer siempre debe ser libre de toda violencia física, sexual, psicológica, pues es una condición indispensable para su desarrollo individual y social y su plena e igualitaria participación en todas las esferas de la vida.

En dicha convención destacan los artículos 3, 4 y 5 que textualmente establecen: "Artículo 3. Toda mujer tiene derecho a una vida libre de violencia, tanto en el ámbito público como en el privado. Artículo 4.Toda mujer tiene derecho al reconocimiento, goce, ejercicio y protección de todos los derechos humanos y a las libertades consagradas por los instrumentos regionales e internacionales sobre derechos humanos. Estos derechos comprenden, entre otros: a. el derecho a que se respete su vida b. el derecho a que se respete su integridad física, psíquica y moral; c. el derecho a la libertad y a la seguridad personales; d. el derecho a no ser sometida a torturas; e. el derecho a que se respete la dignidad inherente a su persona y que se proteja a su familia; f. el derecho a igualdad de protección ante la ley y de la ley;

---

59 https://www.oas.org/juridico/spanish/tratados/a-61.html

g. el derecho a un recurso sencillo y rápido ante los tribunales competentes, que la ampare contra actos que violen sus derechos; h. el derecho a libertad de asociación; i. el derecho a la libertad de profesar la religión y las creencias propias dentro de la ley, y j. el derecho a tener igualdad de acceso a las funciones públicas de su país y a participar en los asuntos públicos, incluyendo la toma de decisiones. Artículo 5 Toda mujer podrá ejercer libre y plenamente sus derechos civiles, políticos, económicos, sociales y culturales y contará con la total protección de esos derechos consagrados en los instrumentos regionales e internacionales sobre derechos humanos. Los Estados Partes reconocen que la violencia contra la mujer impide y anula el ejercicio de esos derechos. Artículo 6. El derecho de toda mujer a una vida libre de violencia incluye, entre otros: a. el derecho de la mujer a ser libre de toda forma de discriminación, y b.

el derecho de la mujer a ser valorada y educada libre de patrones estereotipados de comportamiento y prácticas sociales y culturales basadas en conceptos de inferioridad o subordinación"

Los estados miembros se obligaron a incluir en su legislación interna normas penales, civiles y administrativas, así como las de otra naturaleza que sean necesarias para prevenir sancionar y erradicar la violencia contra la mujer y adoptar las medidas administrativas adecuadas, de acuerdo al caso concreto.

9. CONVENCIÓN DE DEL INTERÉS SUPERIOR DEL MENOR[60]

Como lo establece la UNICEF "el niño, por su falta de madurez física y mental, necesita protección y cuidados especiales, incluso de la debida protección legal, tanto antes como después del nacimiento"

Bajo este contexto, la Convención se llevo a cabo con la participación de los 196 países miembros, la cual se conforma con 54 artículos y adoptada en Nueva York. El objeto principal es que se reconozca los derechos humanos y fundamentales de todos los niños, las niñas y adolescentes menores de 18 años, ya que todo niño tiene un derecho intrínseco a la vida y el Estado tiene la obligación de garantizar la supervivencia y desarrollo desde su nacimiento, nacionalidad y demás derechos que en el mismo se contienen, adoptando las medidas necesarias para evitar el traslado o retención ilícita del niño, teniendo como prioridad que el niño viva con su madre y su padre a menos que la separación sea necesaria atendiendo el interés superior del niño.

En nuestro país existen diversas jurisprudencias emitidas por el mas alto rango del poder Judicial, que es la Suprema Corte de Justicia de la Nación, que reitera lo que establece el artículo 133 de nuestra Carta Magna, en el sentido de que los Tratados Internacionales se ubican jerárquicamente por encima de las leyes federales y en un segundo plano sobre la Constitución Federal.- De tal suerte que es prioridad del Estado proteger y garantizar la supervivencia y desarrollo de los niños, las niñas y los adolescentes.

---

60 https://www.un.org/es/events/childrenday/pdf/derechos.pdf

10. CONVENCIÓN INTERAMERICANA SOBRE LA CONCESIÓN DE LOS DERECHOS CIVILES A LA MUJER[61]

Suscrita en Bogotá el 2 de mayo de 1948 y suscrito por nuestro país vinculándosele hasta el 11 de agosto de 1894 promulgándose el 16 de noviembre del mismo año. Medularmente se contiene que se le conceden derechos civiles a la mujer en donde se declara que la mujer tiene derecho a la igualdad con el hombre en el orden civil ya que existe el principio de la igualdad de los derechos humanos de los hombres y mujeres contenidos en la Carta de las Naciones Unidas y los Estados Americanos convienen otorgar a la mujer los mismos derechos civiles de que goza el hombre.

Le corresponde a los gobiernos, en especial al de nuestro país garantizar el derecho a la igualdad entre hombres y mujeres, pues si bien es cierto que esa igualdad tiene una serie de interpretaciones diversas, también es cierto que se debe priorizar la no discriminación, ni violencia a las mujeres quienes en muchas ocasiones se le limita su capacidad tanto personal y profesional, incluso es evidente que en los últimos años han ocurrido feminicidios derivados de la violación de los derechos humanos de la mujer.

Así como la protección a los niños, niñas y adolescentes, los derechos de las mujeres y la igualdad de género son prioritarios en la agenda de los países.

---

[61] https://www.oas.org/juridico/spanish/tratados/a-45.html

11. CONVENCIÓN INTERAMERICANA SOBRE LA CONCESIÓN SOBRE LOS DERECHOS POLÍTICOS A LA MUJER[62]

Nuestro país forma parte de dicha convención desde el 29 de abril de 1981, cuando fue publicada la adhesión en el Diario Oficial de la Federación.

Medularmente se encuentra inspirada en los elevados principios de justicia en donde se busco equilibrar a hombres y mujeres en el goce y ejercicio de sus derechos políticos. Estableciéndose que la mujer tiene derecho a igual tratamiento por lo que el artículo 1 del mismo en lo medular establece que "Las altas partes contratantes convienen en que el derecho al voto y a ser elegido para un cargo nacional no deberá negarse o restringirse por razones de sexo"

12. CONVENCIÓN INTERAMERICANA SOBRE OBLIGACIONES ALIMENTARIAS (NIÑOS Y NIÑAS)[63]

Consta de 33 artículos suscritos por nuestro país, en esta Convención, la cual se celebró en la Ciudad de Montevideo, Uruguay, el 15 de julio de 1989, y publicada en el Diario Oficial de la Federación en nuestro país el 18 de noviembre de 1994.

Medularmente se establece las obligaciones alimentarias respecto de los menores de edad derivadas de las relaciones matrimoniales entre cónyuges o quienes hayan sido tales, y específicamente cuando el acreedor alimentario tenga su domicilio en un Estado parte y el deudor de alimentos lo tenga en otro Estado Parte; además de que toda persona tiene derecho

---

62 https://www.oas.org/dil/esp/convencion_interamericana_sobre_concesion_derechos_politicos_a_la_mujer.pdf

63 https://www.oas.org/juridico/spanish/tratados/b-54.html

a recibir alimentos, sin distinción de nacionalidad, raza, sexo, religión, filiación, origen o situación migratoria o cualquier otra forma de discriminación.

Al igual que la mayoría de los Tratados en donde México ha formado parte, se establece la cooperación procesal internacional; esto es, que las sentencias extranjeras sobre obligaciones alimentarias tendrán eficacia extraterritorial en los Estados parte, siempre y cuando se cumplan algunos requisitos.

13. CONVENCIÓN INTERAMERICANA SOBRE TRÁFICO INTERNACIONAL DE MENORES[64]

Conscientes de que el tráfico internacional de menores constituye una preocupación universal, los miembros de esta Convención, consideraron necesario establecer los mecanismos adecuados como para asegurar una protección integral y efectiva del menor y prevenir el tráfico internacional del menor, estableciendo regulaciones legales tanto de naturaleza civil como penal.

Esta Convención fue adoptado por nuestro país en el año de 1994 y publicado en el diario Oficial de la Federación el 18 de marzo del mismo año.

Los Estados parte cooperarán con los Estados no parte en la prevención y sanción del tráfico internacional de menores y en la protección y cuidado de los menores víctimas del hecho ilícito, procurando realizar los procedimientos para que la información permanezca confidencial en todo momento.

64 https://www.cndh.org.mx/sites/all/doc/Programas/Provictima/1 LEGISLACI%C3%93N/3InstrumentosInternacionales/G/convencion_interamericana_trafico_menores.pdf Nnnnnn[[cf

Estimamos que, independiente de lo medular en cuanto a la protección de los menores para evitar su tráfico internacional, toma también relevancia el artículo 21 que a la letra dice: "ARTÍCULO 21 En los procedimientos previstos en el presente capítulo, la autoridad competente podrá ordenar que el particular o la organización responsable del tráfico internacional de menores pague los gastos y las costas de la localización y restitución, en tanto dicho particular u organización haya sido parte de ese procedimiento. Los titulares de la acción o, en su caso, la autoridad competente podrán entablar acción civil para obtener el resarcimiento de las costas, incluidos los honorarios profesionales y los gastos de localización y restitución del menor, a menos que éstos hubiesen sido fijados en un procedimiento penal o un procedimiento de restitución conforme a lo previsto en esta Convención. La autoridad competente o cualquier persona lesionada podrá entablar acción civil por daños y perjuicios contra los particulares o las organizaciones responsables del tráfico internacional del menor".- Esto es porque se establece la reparación del daño a través de la reclamación en el orden civil del pago de daños y perjuicios.

14. DECLARACIÓN AMERICANA SOBRE LOS DERECHOS DE LOS PUEBLOS INDÍGENAS

La Declaración Americana sobre los Derechos de los Pueblos Indígenas, es un instrumento jurídico adoptado por la OEA que reconoce una serie de derechos individuales y colectivos a los pueblos indígenas en las Américas. Asimismo, reconoce una serie de obligaciones por parte de los Estados Americanos con los pueblos indígenas, ya que estos constituyen un aspecto fundamental y de trascendencia histórica para el presente y el futuro de las Américas.

Los Estados miembros reconocen y respetan el carácter pluricultural y multilingüe de los pueblos indígenas, quienes forman parte integral de sus sociedades

Los Estados garantizarán el pleno goce de los derechos civiles, políticos económicos, sociales, culturales de los pueblos indígenas, así como su derecho a mantener su identidad cultural, espiritual y tradición religiosa, cosmovisión, valores y a la protección de sus lugares sagrados y de culto y de todos los derechos humanos contenidos en la presente Declaración.

15. CONVENCIÓN INTERAMERICANA PARA LA ELIMINACIÓN DE TODAS LAS FORMAS DE DISCRIMINACIÓN CONTRA LAS PERSONAS CON DISCAPACIDAD

La Convención Interamericana para la eliminación de todas las formas de discriminación contra la personas con discapacidad establece que las personas con discapacidad tienen los mismos derechos humanos y libertades fundamentales que otras personas ya que la dignidad e igualdad son inherentes a todo ser humano; de tal suerte que los Estados que forman parte de esta Convención se encuentran comprometidos a eliminar la discriminación en todas sus formas y manifestaciones contra las personas con discapacidad, siendo el objetivo principal propiciar su plena integración en la sociedad.

En el artículo III destaca que los Estados se comprometen a adoptar las medidas de carácter legislativo, social, educativo, laboral o de cualquier índole. [65]

Además, sensibilizar a la población a través de campañas de educación encaminadas a eliminar prejuicios, estereotipos y

---

65 https://www.oas.org/juridico/spanish/tratados/a-65.html

otras actitudes que atentan contra el derecho de las personas a ser iguales, propiciando de esta forma el respeto y la convivencia con las personas con discapacidad.

Sin embargo, dicha convención a diferencia de otras, no sugiere medidas de sanción en caso de que haya alguna discriminación, de allí que si se violentan los derechos humanos de los discapacitados también puede surgir un daño moral.

16. PRINCIPIOS Y BUENAS PRÁCTICAS SOBRE PROTECCIÓN DE LAS PERSONAS PRIVADAS DE LA LIBERTAD EN LAS AMÉRICAS)[66]

Principios y derechos fundamentales reconocidos en este protocolo por la Comisión Interamericana de derechos humanos y en el que destaca la importancia que debe tener el proceso legal protegiendo en todo momento las garantías de las personas privadas de la libertad, como la dignidad, la vida y su integridad física, psicológica y moral, teniendo siempre presente el objetivo principal de dicha protección, que los presos tengan una auténtica readaptación social y la rehabilitación personal integral, así como la resocialización e integridad familiar.

Destaca los principios 5, 6 y 35 que a la letra dicen: “Principio 5. 1. Los presentes principios se aplicarán a todas las personas en el territorio de un Estado, sin distinción alguna de raza, color, sexo, idioma, religión o creencia religiosa, opinión política o de otra índole, origen nacional, étnico o social, posición económica, nacimiento o cualquier otra condición.2. Las medidas que se apliquen con arreglo a la ley y que tiendan a proteger exclusivamente los derechos y la condición especial

---

66 https://www.oas.org/es/CIDH/jsForm/?File=/es/cidh/mandato/basicos/principiosppl.asp

de la mujer, en particular de las mujeres embarazadas y las madres lactantes, los niños y los jóvenes, las personas de edad, los enfermos o los impedidos, no se considerarán discriminatorias. La necesidad y la aplicación de tales medidas estarán siempre sujetas a revisión por un juez u otra autoridad. Principio 6. Ninguna persona sometida a cualquier forma de detención o prisión será sometida a tortura o a tratos o penas crueles, inhumanos o degradantes. No podrá invocarse circunstancia alguna como justificación de la tortura o de otros tratos o penas crueles, inhumanos o degradantes.- Principio 35.- 1. Los daños causados por actos u omisiones de un funcionario público que sean contrarios a los derechos previstos en los presentes principios serán indemnizados de conformidad con las normas del derecho interno aplicables en materia de responsabilidad.2. La información de la que se deba dejar constancia en registros a efectos de los presentes principios estará disponible, de conformidad con los procedimientos previstos en el derecho interno, para ser utilizada cuando se reclame indemnización con arreglo al presente principio."

17. CONVENCIÓN INTERAMERICANA PARA PREVENIR Y SANCIONAR LA TORTURA[67]

Los Estados miembros consideran que todo acto de tortura u otros tratos o penas crueles, inhumanos o degradantes constituyen una ofensa a la dignidad humana y una negación de los principios consagrados en la Carta de la Organización de los Estados Americanos y la Carta de las Naciones Unidas y que por ello nadie debe ser sometido a tortura ni a penas o tratos crueles inhumanos o degradantes.

---

67 https://www.oas.org/juridico/spanish/tratados/a-51.html#:~:text=Los%20Estados%20partes%20se%20asegurar%C3%A1n,tengan%20en%20cuenta%20su%20gravwedad.

Establece en términos generales que son responsables del delito de tortura a los empleados o funcionarios públicos que actuando en ese carácter ordenen, instiguen, induzcan a su comisión, lo cometan directamente o que, pudiendo impedirlo, no lo hagan (acción u omisión) y las personas que a instigación de los funcionarios o empleados públicos a que se refiere el apartado anterior, ordenen, instiguen o induzcan a su comisión, lo cometan directamente o sean cómplices.

Los Estados se comprometen a informar a la Comisión Interamericana de Derechos humanos acerca de las medidas legislativas, judiciales, administrativas y de otro orden que hayan adoptado.

18. CONVENCIÓN INTERAMERICANA SOBRE DESAPARICIÓN FORZADA DE PERSONAS

Esta Convención se refiere medularmente a la obligación de los Estados en establecer medidas y sancionar a quienes han cometido el delito de desaparición forzada de personas.

Es cierto que la misma se refiere medularmente a la desaparición forzada de personas cualquiera que fuere su forma, cometida por Agentes del Estado o por personas o grupo de personas que actúen con la autorización, el apoyo o la aquiescencia; Sin embargo en nuestro país si bien es cierto, ha habido personas desaparecidas por el Estado, ejemplo de ello, el "caso Ayotzinapa", también lo es, que muchas de esa desaparición forzada de personas aparentemente son detenidas por las autoridades bajo imputación de un delito y sin embargo, nunca son localizadas en los diversos centros de detención o en las cárceles del país.

De allí la importancia de esta Convención que fue firmada por los países miembros en la ciudad de Belem Do Para Brasil, el 9 de julio de 1994. En ella se considera que la desaparición forzada la privación de la libertad a una o más personas, cualquiera que fuere su forma y que constituye una afrenta a la conciencia del hemisferio y una grave ofensa a la dignidad intrínseca de la persona humana ya que viola múltiples derechos esenciales y el Estado debe adoptar las medidas necesarias para prevenir, sancionar y suprimir la desaparición forzada de las personas ; De tal suerte que los Estados se comprometen medularmente a no permitir ni tolerar la desaparición forzada de personas, ni aún en estado de emergencia, excepción o suspensión de garantías individuales, a sancionar en el ámbito de su jurisdicción a los autores, cómplices y encubridores del delito de desaparición forzada de personas, así como la tentativa de la comisión del delito; a cooperar entre si para contribuir a prevenir, sancionar y erradicar la desaparición forzada de personas y tomar las medidas de carácter legislativo, administrativo, judicial o de cualquier otra índole necesarias para cumplir con los compromisos en dicha Convención.

Capitulo VIII.

Afectaciones (variables) que pueden afectar a las sociedades mercantiles por daño moral, en México

A través de los diferentes capítulos hemos señalado en general las afectaciones que por daño moral se puede tener, ya sea en el ámbito del derecho penal, ya en el del derecho civil, incluso en el administrativo debido a las lesiones a los derechos de la personalidad del individuo ser humano o de la persona moral, ente jurídico, del cual ejemplificamos un caso hipotético de este último, es decir, de la persona moral.

Es indudable que el daño moral es una afectación que ocurre en la cotidianeidad, ya por personas seres humanos, ya por la Autoridad, sin embargo, los órganos jurisdiccionales aún tienen cierta reticencia para determinar el pago de una indemnización por daño moral toda vez que si bien es cierto, existe un antecedente legal de como se debe cuantificar, actualmente existen métodos, como el que mas adelante mencionamos para la determinación del quantum indemnizatorio.

Como ya dijimos son derechos a la personalidad, como mencionaría Jannine Oliveros en su libro[68] "Presupuestos de valoración del daño moral" "La calidad de personas (morales) a esas colectividades que adquieren unidad y cohesión a través de la personalidad y por medio de esta construcción técnica les permite adquirir individualidad de manera similar al ser humano, así como ser sujetos de derechos y obligaciones...

---

68 Oliveros Barba ,Jannine. Presupuestos de valoración. Editorial Triant. 1ª.Edición 2019

conviene señalar que mediante la construcción del concepto e instrumento de personalidad, el derecho protege y garantiza en favor tanto de la persona física como de la persona moral, la realización de ciertas finalidades jurídicamente valiosas, entre éstas, comprar, vender, adquirir o arrendar bienes... Sin embargo, aunque el concepto de personalidad está íntimamente ligado al de persona, no se debe confundir con ésta, que constituye una realidad, en tanto que la personalidad es solo una creación del derecho, es una manifestación en el ámbito de lo jurídico y una proyección del ser en el mkundo objetivo, como es la aptitud para colocarse en una situación para ocupar un puesto o ser sujeto de una relación jurídica... El concepto de personalidad tampoco se debe confundir con la capacidad de goce de las personas, puesto que la primera significa una aptitud que el sujeto puede actuar en el campo del derecho, es la posibilidad abstracta para actuar como sujeto activo y pasivo en las relaciones jurídicas; mientras que la capacidad alude a situaciones jurídicas concretas, por ejemplo para celebrar un contrato, para adquirir un bien, por lo que una persona puede tener personalidad, aptitud para intervenir en determinadas relaciones jurídicas, pero carecer de capacidad para adquirir un determinado bien".

Luego entonces y tomando en consideración los criterios que señala nuestro máximo Tribunal Judicial, en especial la tesis jurisprudencial registro digital 178767[69] de la Primera Sala de la Suprema Corte de Justicia de la Nación al señalar que las PERSONAS MORALES ESTAN LEGITIMADAS PARA DEMANDAR EL DAÑO MORAL, en caso de que se afecte la consideración que tienen los demás respecto de ella y en esa tesitura, consideramos que además de las afectaciones que regula el propio artículo 1916 de la Ley Sustantiva Civil Federal,

---

[69] https://sjf2.scjn.gob.mx/detalle/tesis/178767

aunado a que la propia Corte ha determinado las características del daño estableciendo que:

Genero.- Daño Moral.

Especies:

a).- Daños al Honor

b).- Daños estéticos

c).- Daños a los sentimientos.

Al efecto podríamos proponer enunciativamente estas afectaciones a través del siguiente diagrama:

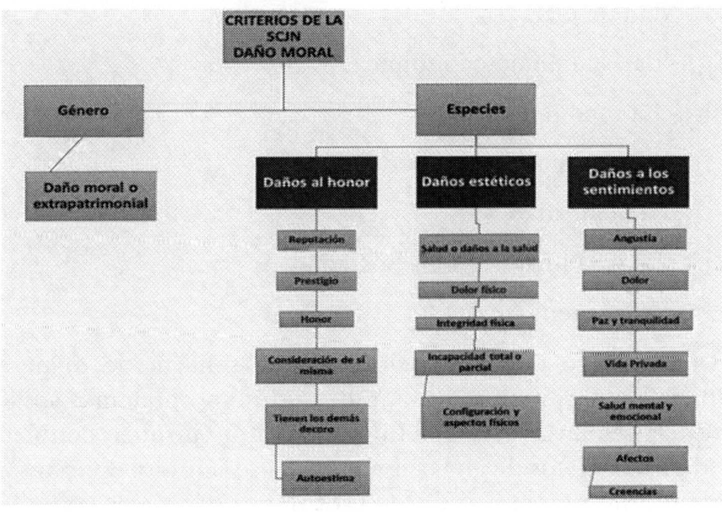

Sin embargo, en el tema que hemos apuntado, se trata del daño moral a entes jurídicos, es decir, a personas colectivas, a personas morales; de tal suerte que si bien este criterio de la Corte se puede utilizar como referencia, no aplicarían algunas afectaciones, pues éstas se refieren estrictamente al ser humano, a la persona física los cuales tienen sentimientos, creencias, afectos, dolor, afectaciones que reiteramos, solo corresponden a personas humanas intrínsecamente.

En cuanto a las afectaciones que una persona jurídica podría tener, en este caso a las Sociedades Mercantiles podríamos considerar de manera enunciativa:

a). La marca

b).- La razón o denominación Social

c).- El prestigio

d).- La reputación

e).- El honor

f).- La consideración que de la empresa tenga la comunidad de ella.

g).- La estabilidad económica

h).- La estabilidad social.

i).- El bienestar económico

i).- La Seguridad

k).- La vida jurídica de la Sociedad

l).- La imagen

Desde luego como mencionamos se señalan de manera enunciativa mas no limitativa, esto porque no podemos soslayar que personas físicas que integran el ente jurídico también pueden ser sujetos de afectaciones y en ese sentido, estaríamos hablando de una extensión de esos daños los cuales como lo señala la Ley General de Víctimas, y por analogía, pueden existir víctimas directas, indirectas o potenciales a las que se les ha violentado sus derechos humanos, como seres humanos.

Capitulo IX.

Métodos que pueden aplicarse para la obtención del quantum indemnizatorio

1. MÉTODOS PARA LA PONDERACIÓN DE VARIABLES

Existen diversos métodos para valuar bienes y en especial para valoración de algunos intangibles como valoración de empresas, de jugadores de futbol, de impacto ambiental y sobre todo, del tema que nos ocupa que es valoración de daño moral los cuales se encuentran en los modelos multicriterios propuestos por Jerónimo Aznar Bellver y Francisco Guijarro Martínez[70] en su libro Nuevos métodos de valoración, y señalan los siguientes más relevantes, los cuales abordaremos brevemente, pues se encuentran ampliamente explicados en la referencia bibliográfica anteriormente señalada.

Además de los métodos tradicionales, estos modelos multicriterios tienen como objetivo principal aportar al valuador diversos métodos que involucran variables cuantitativas y cualitativas mediante matrices de ponderación pareada, ya que cada variable interviene en la determinación del valor en función de su importancia mediante la ponderación. Estimamos que estos modelos se adaptan a cualquier tipo de activo llegando a valores mediante el consenso de expertos y en función de ello se obtiene el valor de las variables. Ejemplo de ello podemos señalar que los tipos de activos a valorar a través de los modelos

---

70 Aznar, J., & Guijarro, F. (2012). Nuevos métodos de valoración. Modelos multicriterio. Editorial Universitat Politècnica de València

multicriterio pueden ir desde inmobiliarios, agrarios, históricos, deportistas, activos ambientales, marcas y patentes, precios de transferencia, hasta la determinación de un quantum indemnizatorio por daño moral.

Sin embargo, la complejidad de la aplicación consiste en los modelos matemáticos que permiten una mayor confiabilidad cuando se determina o se opta por alternativas

El proceso analítico jerárquico es un modelo desarrollado por el Dr. Thomas L. Saaty en 1980 para la toma de decisiones que involucran variables cuantitativas y cualitativas

Saaty construyo una escala en la cual se pueden establecer criterios de comparación entre dos objetos o dos conceptos, esta escala de comparación es la base del modelo proceso analítico jerárquico.

En primer término se establecen tres métodos para la ponderación de variables, los cuales los autores consideran: el método citric, el método de entropía y el de la ordenación simple)

a.- Critic.[71]

Es un método objetivo de determinación de pesos de los criterios o variables ya que éstos se determinan en función de la información de la matriz de decisión, sin que influyan las preferencias del decisor,

Este método de ponderación de criterios se ha utilizado en diversos ámbitos como la valoración de empresas, inmuebles o jugadores de fútbol.

---

71 https://victoryepes.blogs.upv.es/2022/01/13/metodo-critic-de-toma-de-decision-multicriterio/

La metodología de CRITIC se puede resumir en los siguientes pasos:

- Crear la matriz de decisión
- Normalizar por el rango los valores de cada uno de los criterios
- Calcular la desviación típica de cada criterio
- Calcular la correlación entre cada par de criterios
- Calcular el peso de cada criterio

b.- Entropía.[72]

Es un método o procedimiento similar al Citric y se trata de un procedimiento para calcular de forma objetiva el peso de cada uno de los criterios empleados en la toma de decisiones.

"En este caso, la importancia de un criterio se supone que es proporcional a la cantidad de información intrínsecamente aportada por el conjunto de alternativas respecto a dicho criterio. Se trata de dar mayor peso a aquel criterio que es capaz de discriminar mejor a las alternativas, es decir, aquel criterio que presente mayor diversidad en las valoraciones de las alternativas. La diversidad es menor cuanto mayor es la entropía, y por tanto, esta es la base del método.

El método de entropía se puede resumir en los siguientes pasos:

1. Crear la matriz de decisión
2. Normalizar por la suma los valores de cada uno de los criterios

---

[72] https://victoryepes.blogs.upv.es/2022/01/14/metodo-de-entropia-para-la-toma-de-decision-multicriterio/

3. Calcular la entropía de cada criterio
4. Calcular la diversidad de cada criterio
5. Calcular el peso de cada criterio.

c.- Ordenación simple[73]

Consiste en tomar uno por uno los elementos de un arreglo y recorrerlo hacia su posición con respecto a los anteriormente ordenados. Así empieza con el segundo elemento y lo ordena con respecto al primero

Los problemas más comunes en la informática son la búsqueda y el ordenamiento. El proceso de ordenar consiste en recolocar los elementos de un *array* o colección ya sea de mayor a menor o viceversa con el fin de acelerar la búsqueda de la información.

En este aspecto existe una multitud de algoritmos de ordenamiento clasificados de diversas formas como la estabilidad, su complejidad, ubicación del proceso al ordenar, etc.

Entre los múltiples algoritmos tenemos:

- Ordenamiento por burbuja
- Ordenamiento por montículos
- Ordenamiento por selección
- Ordenamiento por inserción
- Ordenamiento rápido (*QuickSort*)
- Ordenamiento *shell*

---

73 https://www.udb.edu.sv/udb_files/recursos_guias/informatica-ingenieria/programacion-iv/2019/ii/guia-3.pdf

Ahora bien, estos métodos de ponderación de variables, pueden ser aplicados a la valoración; esto es a establecer el valor comercial o, en el tema que nos ocupa, a establecer el quantum indemnizatorio por daño moral.

Existen tres principales métodos propuestos por Aznar y Gallardo [74] que son EL AHP. AMUVAM y ANP

2. EL AHP PROCESO ANALÍTICO JERÁRQUICO

Es un proceso de valoración que esencialmente los autores lo han utilizado para la valoración de activos ambientales o aplicado a la valoración y priorización de deportistas; sin embargo, estos métodos han resultado efectivos cuando se trata de establecer un quantum indemnizatorio por daño moral.

El proceso analítico jerárquico (ANALYTIC Hierarchi Process, AHP) fue propuesto por el Profesor Thomas L. Saaty (1980) como respuesta a problemas concretos de toma de decisiones de cierta complejidad, utilizándose actualmente en el mundo de la empresa donde se aplica casi en todos los ámbitos.

> "El potencial del método, como distintos autores han evidenciado, se debe a que se adecua a distintas situaciones, su cálculo es sencillo por el software existente y puede utilizarse tanto individualmente como en grupo. En esencia, puede afirmarse que AHP es un método de selección de alternativas (estrategias, inversiones, etc.) en función de una serie de criterios y variables las cuales suelen estar en conflicto. Para ello pondera tanto los criterios como las distintas alternativa utilizando matrices de comparación pareada y la escala fundamental para comparaciones por pares.

[74] Jeronimo Aznar Bellver, Francisco Guijarro Martínez, Nuevos métodos de valoración. Modelos Multicritertio. 2ª. Edición. Editorial Universitat Politécnica de Valencia. paginas 123-134

> El desarrollo es el siguiente: a).- Se parte de un interés que puede tener un decisor en seleccionar la mas interesante entre un conjunto de alternativas (estrategias, inversiones, activos, etc); b).- Se define que criterios se van a utilizar para determinar la selección....c).- Conocidas las alternativas y definidos los criterios, debe primero procederse a ordenar y ponderar el diferente interés de cada uno de los criterios en la selección de alternativas....conocida la ponderación de los criterios se pasa a ponderar las distintas alternativas en función de cada criterio.... Con los dos procesos anteriores, se obtienen dos matrices, una columna con la ponderación de criterios y otra de las ponderaciones alternativas para cada criterio.. Calculo de la consistencia de la matriz de comparación pareada. (pag.129)"

3. EL PROCESO AMUVAM SIGLAS EN INGLÉS ANALYTIC MULTICRITERIA VALUATION METHOD

"El objetivo de este modelo es establecer el quantum indemnizatorio del daño moral a través de la valoración de un agente causal tangible como pivote y la ponderación del impacto del daño patrimonial y extrapatrimonial a través de la consulta a expertos.[75]

Características especiales de este proceso son:

- No existen comparables
- Valuación de intangibles
- Criterios de valoración en su mayoría cualitativos
- Se requieren opiniones de expertos.
- Al menos un criterio valorable por método tradicional

---

75 Dr. Luis García Márquez. Universidad Portenta, clase en línea 11/dic/2021. Tema AMUVAM.
Conferencia Académica. https://www.facebook.com/watch/live/?ref=watch_permalink&v=1244063522736806

- Existencia de expertos para priorizar criterios
- Aplicación de cuestionarios por entrevista personal

Basado en la ponderación de los criterios por proceso analítico jerárquico y tomando como base un pivote cuantificable (daños patrimoniales)

Se utilizan expertos para establecer la priorización, a través de la escala de Saaty

Es la que se utiliza en estos casos, con el auxilio de expertos se determina el peso a través de una metodología.

Con el apoyo de expertos y con la metodología se determinan los importes.

En este método amuvam se requiere un pivote, normalmente es aquel que se puede determinar su importe con un método tradicional, como gastos hospitalarios, gastos donde se determina el importe.

Teniendo el importe patrimonial se puede obtener el quantum a través de modelos matemáticos y financieros y en el cual se mezclan a través del proceso analítico jerárquico para obtener el quantum.

Ejemplo gráfico

AMUVAM por Expertos

Daño Patrimonial Vs Daño Extrapatrimonial

Daño	Experto 1	Experto 2	Experto 3	Media Geométrica	Ponderación
Extrapatrimonial	83.33%	75%	25%	53.86	63.10%
Patrimonial	16.67%	25%	75%	31.50	36.90%
			Suma	85.36	

3. EL ANP PROCESO ANALÍTICO EN RED

Se trata de un método discreto de análisis de decisiones multicriterio que permite capturar las relaciones de interdependencia y de realimentación entre elementos del sistema (criterios y alternativas)[76] Esto es, se trata de una red que se encuentra compuesta por nodos, arcos y flujos. Los nodos, (puntos) son los derechos lesionados y cada nodo es una variable, no puede haber dos nodos sobre la misma variable; los arcos son las vías de influencia que existen de un derecho lesionado hacia otro, y los flujos son el impacto que se tiene, es lo que transita a través de los arcos de un nodo hacia otro.

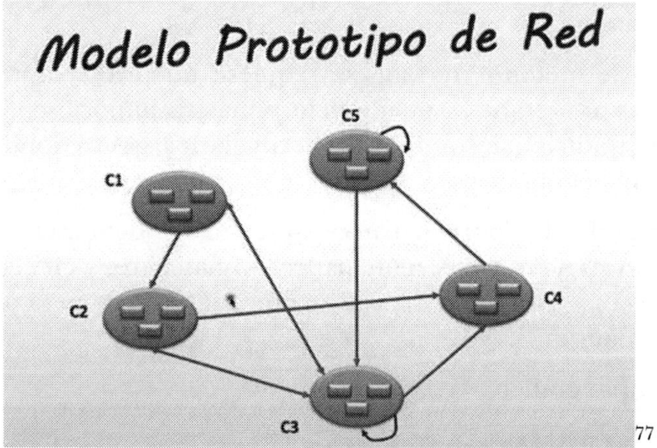

[77]

El proceso analítico en red es una generalización del proceso analítico jerárquico, esto es, su base o fundamento es el AHP; esto es, que tanto influye un criterio sobre los demás cri-

[76] https://victoryepes.blogs.upv.es/2022/01/25/proceso-analitico-en-red-anp-analytic-network-process/#:~:text=Se%20trata%20de%20un%20m%C3%A9todo,ver%20en%20la%20Figura%201.

[77] Exposición Dr. José Luis García Marquez. Especialidad Valuación Daño Moral.Universidad Portenta. 2022

terios; se analizan las interacciones, los vínculos que puedan existir entre las variables. Las interacciones pueden ser verticales u horizontales y en ambas directas. El objetivo una serie de criterios y una serie de alternativas.

Cual es la diferencia con el proceso analítico jerárquico es que este ultimo se analiza en forma descendente, como una jerarquía y en el de red, se analizan influencias que van de manera horizontal y no solo vertical.

En el caso del daño moral, se utiliza el proceso analítico en red cuando se utiliza una gran cantidad de variables que puedan agruparse, esto es un grupo o "cluster" de tal manera que se pueden tener diversos grupos de variables.

Es importante reiterar que los procesos de valoración mencionados se encuentran ampliamente detallados en la mencionada obra de modelos multicriterios de los señores Jerónimo Aznar Bellver, Francisco Guijarro Martínez, Nuevos métodos de valoración. Modelos Multicritertio. 2ª. Edición. Editorial Universitat Politécnica de Valencia y que en este trabajo se mencionaron debido a la importancia que representa su aplicación en la valoración de daño moral.

Capitulo X.

Caso hipotético y aplicación del proceso AHP

En el presente estudio se utilizó el Método Analítico Jerárquico, debido a que fueron 7 el número de criterios que se localizaron en el caso concreto y conforme a los autores del Modelo Multicriterio, es el más recomendable.

"SERVICIOS INTEGRALES SEJA" SOCIEDAD ANONIMA DE CAPITAL VARIABLE

La empresa mexicana Servicios integrales Seja S.A. de C.V., con domicilio fiscal en Mérida Yucatán, tiene operaciones mercantiles reguladas en el código de Comercio, teniendo dentro de su objeto social entre otros: La prestación de todo tipo de servicios técnicos, legales, contables, tecnológicos, administrativos, de intermediación, de gestión, de consultoría, de auditoría, de mentoría, de capacitación y en general de cualquier servicio relacionados con el sector energético. Debido al talento de sus accionistas, inicio su rápido crecimiento y por ende, su expansión abrió diversas oficinas en diversas partes del país.

Durante la pandemia y debido a que por disposiciones gubernamentales se cerraron muchas empresas que no constituían de primera necesidad, sin embargo, esta empresa continúo con sus operaciones en línea, es decir, a través de medios digitales como las plataformas que para tal efecto crecieron exponencialmente.

Derivado de que el Sistema de Administración Tributaria dependiente de la Secretaría de Hacienda y Crédito Público en el año 2020 publico en el Diario Oficial de la Federación una lista de empresas factureras, conocidas como EFOS, es decir Empresas que facturan operaciones simuladas, cuyo objetivo es vender facturas a terceros a cambio de una comisión para que puedan deducir dichos gastos y en consecuencia evitar el pago de impuestos. En dicha lista se menciona el nombre de Servicios Integrales SEJA S.A. de C.V., sin que mediara prueba alguna que acreditara la existencia de un ilícito.

Por ello la empresa mencionada abruptamente fue frenada en su actividad comercial ya que la reacción inmediata y lógica de quienes solicitaban sus servicios, era cancelar cualquier relación que los vinculara, aunado a lo anterior, la cancelación de los certificados digitales lo que le impidió facturación de sus muy limitadas operaciones de servicio, lo que afecto gravamente en sus ingresos, pues entre los comerciantes se "corrió la voz" de que la Sociedad Mercantil era una empresa fraudulenta por lo que se daño gravemente la reputación, el honor y la consideración/percepción que de dicha Sociedad Mercantil tiene la comunidad.

Desarrollo:

En primer término, tenemos que identificar las variables, esto es, las afectaciones que sufrió la empresa y encuadrarlas en lo que señala el artículo 1916 de la Ley Adjetiva Civil del Estado. En este caso, sin entrar en otro tipo de métodos por la cantidad de afectaciones que pudiésemos encontrar, a continuación, las describimos tanto cualitativos como cuantitativos

Denominación social y/o marca
Reputación
Honor y dignidad
Prestigio
Pérdidas Económicas
Paz y tranquilidad
Consideración que de la empresa tiene la comunidad

Encontramos 1 elemento cuantitativo que se refiere a las pérdidas económicas que sufrió la empresa con motivo de la divulgación falsa por parte de la autoridad y 6 afectaciones cualitativas.

Una vez identificadas procederemos a elaborar un cuestionario a expertos, en este caso a psicólogos que nos determinarán el grado de afectación que tuvo la empresa, una frente a otra.

A manera de establecer los pasos podemos considerar

- Toma de decisiones
- Concepto de jerarquía
- Escala fundamental de Saaty
- Matriz de Ponderación
- Ratio de consistencia
- Vector característico
- Análisis de los criterios de valoración
- Análisis de comparables
- Estimación de valor por AHP

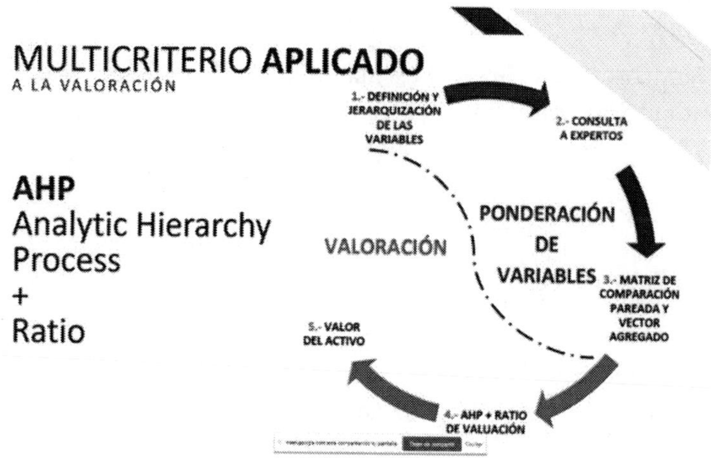

Nombres de criterios AHP

AHP priorities

Nombre de los Criterios

1
2
3
4
5
6
7

máx. 45 carácter ea.

OK

Al utilizar el método AHP se incorporan los criterios (afectaciones) que encontramos en el caso hipotético sobre daño moral a la empresa

Dentro de este proceso Analítico Jerárquico AHP, propuesto por Thomas Saaty en 1980 como modelo para la toma de decisiones multicriterio que permite generar escalas de prioridades.

Se procede a utilizar la escala de Saaty [78]para compararlos y ponderarlos, conforme a la siguiente tabla.

---

[78] https://www.google.com/search?q=escala+de+saaty&rlz=1C1ONGR_enMX1064MX1064&oq=escala+de+saaty&aqs=chrome..69i57j0i512j0i22i30l2.2470j0j7&sourceid=chrome&ie=UTF-8

ESCALA DE SAATY

Comparación	Ponderación
El criterio A es igual que el criterio B	1
El criterio A es ligeramente mejor que el criterio B	3
El criterio A es superior que el criterio B	5
El criterio A es muy superior que el criterio B	7
El criterio A es extremadamente superior que el criterio B	9

[79]

VALOR	DEFINICIÓN	COMENTARIOS
1	Igual importancia	El criterio A es igual de importante que el criterio B
3	Importancia moderada	La experiencia y el juicio favorecen ligeramente al criterio A sobre B
5	Importancia grande	La experiencia y el juicio favorecen fuertemente al criterio A sobre B
7	Importancia muy grande	El criterio A es mucho más importante que el B
9	Importancia extrema.	La importancia del criterio A sobre B esta fuera de toda duda
2,4,6 y 8	Valores intermedios entre los anteriores, cuando es necesario matizar.	
Recíprocos de lo anterior	Si el criterio A es de importancia grande frente al criterio B las notaciones serían las siguientes: Criterio A frente a criterio B 5/1 Criterio B frente a criterio A 1/5	

79 Jeronimo Aznar Bellver, Francisco Guijarro Martínez, Nuevos métodos de valoración. Modelos Multicritertio. 2ª. Edición. Editorial Universitat Politécnica de Valencia. Pag. 125

Ejemplo:

Que es más importante la denominación o marca de la empresa o la reputación?

Si es igual de importante. Se le aplica el valor 1

Si el primero tiene una importancia muy grande respecto del segundo, entonces se le aplica el valor 7 y así sucesivamente se van ponderando y estableciendo los valores, existiendo valores intermedios cuando es necesario matizar, conforme al siguiente orden previo:

El criterio A es igual que el criterio B	1
El criterio A es ligeramente mejor que el criterio B	3
El criterio A es superior que el criterio B	5
El criterio A es muy superior que el criterio B	7
El criterio A es extremadamente superior que el criterio B	9

Orden Previo

Niveles

1 nivel valor 3	½ nivel valor 2
2 niveles valor 5	1½ nivel valor 4
3 niveles valor 7	2½ nivel valor 6
4 niveles valor 9	3½ nivel valor 8
	4½ nivel valor 10

Con base en lo anterior se procede a realizar una MATRIZ DE PONDERACION PAREADA, para establecer la consistencia y se calcula su vector propio que nos indicará la ponderación o peso de las variables explicativas en la determinación del precio.

Mediante el programa de cálculo de AHP se comprueba su consistencia y se calcula el vector propio.

Matriz de Ponderación Pareada	Denominación social/ marca	Reputación	Honor y dignidad	Prestigio	Paz y tranquilidad	Bienestar Económico	Consideración
Denominación social/marca	1.00	1/5	0.33	0.33	0.11	0.33	0.11
Reputación	5.00	1.00	1.00	1.00	0.14	1.00	0.14
Honor y dignidad	3.00	1.00	1.00	1.00	0.14	0.50	0.14
Prestigio	3.00	1.00	1.00	1.00	0.14	5.00	0.14
Paz y tranquilidad	9.00	7.00	7.00	7.00	1.00	7.00	1.00
Perdidas económicas	3.00	1.00	2.00	0.20	0.14	1.00	0.33
Consideración	9.00	7.00	7.00	7.00	1.00	3.00	1.00
	33.00	18.20	19.33	17.53	2.68	17.83	2.87

Orden Previo

Experto 1							
	Denominación social/marca	Reputación	Honor y dignidad	Prestigio	Paz y tranquilidad	perdidas economicas	Consideración
Denominación social/marca	1						
Reputación	1	1					
Honor y dignidad	2	2	1				
Prestigio	3	3	2	1			
Paz y tranquilidad	5	5	4	3	1		
Perdidas económicas	7	7	6	5	3	1	
Consideración	8	7	6	5	3	1	1
					CR	2.33% < 10%	

Normalización de la matriz de ponderación pareada a través del modelo matemático de multicriterio, en este ejemplo del experto 1 tenemos un ratio de consistencia de 9.92

0.03030303	0.00606061	0.01010101	0.01010101	0.003367	0.01010101	0.003367	0.01048581	0.09127328	8.70445609
0.151515152	0.03030303	0.03030303	0.03030303	0.004329	0.03030303	0.004329	0.0401979	0.24985226	6.21555556
0.090909091	0.03030303	0.03030303	0.03030303	0.004329	0.01515152	0.004329	0.02937539	0.21226551	7.22596491
0.090909091	0.03030303	0.03030303	0.03030303	0.004329	0.15151515	0.004329	0.04885591	0.36180169	7.40548523
0.272727273	0.21212121	0.21212121	0.21212121	0.03030303	0.21212121	0.03030303	0.16883117	1.47633478	8.74444444
0.090909091	0.03030303	0.06060606	0.00606061	0.004329	0.03030303	0.01010101	0.03323026	0.24803133	7.46401985
0.272727273	0.21212121	0.21212121	0.21212121	0.03030303	0.09090909	0.03030303	0.15151515	1.34341373	8.86653061
								λmax	7.80377953
								indice de c	0.13396325
								rc	9.92%

Una vez que se ha normalizado la matriz pareada se comprueba su consistencia y se calcula su vector propio porque nos indicará la ponderación o peso de las variables.

El ratio de consistencia nunca debe exceder del 10%

De la matriz planteada se comprueba su consistencia y se calcula su vector propio que nos indicará la ponderación o peso de las variables explicativas en la determinación del precio

El vector final nos indica la ponderación o importancia de cada una de las alternativas en función de los criterios considerados y de la importancia de los mismos.

El resultado final de la aplicación del método es la obtención de un vector que nos indica la ponderación o peso de cada una de las alternativas en función de todos los criterios y su importancia.

Ejemplo de matriz normalizada

Matriz normalizada

							vec promedio	vec total	VT/ Vpromedio
0.03030303	0.00606061	0.01010101	0.01010101	0.003367	0.01010101	0.003367	0.01048581	0.09127328	8.70445609
0.15151515	0.03030303	0.03030303	0.03030303	0.004329	0.03030303	0.004329	0.0401979	0.24985226	6.21555556
0.09090909	0.03030303	0.03030303	0.03030303	0.004329	0.01515152	0.004329	0.02937539	0.21226551	7.22596491
0.09090909	0.03030303	0.03030303	0.03030303	0.004329	0.15151515	0.004329	0.04885591	0.36180169	7.40548523
0.27272727	0.21212121	0.21212121	0.21212121	0.03030303	0.21212121	0.03030303	0.16883117	1.47633478	8.74444444
0.09090909	0.03030303	0.06060606	0.00606061	0.004329	0.03030303	0.01010101	0.03323026	0.24803133	7.46401985
0.27272727	0.21212121	0.21212121	0.21212121	0.03030303	0.09090909	0.03030303	0.15151515	1.34341373	8.86653061
								lmax	7.80377953
								indice de c	0.13396325
								rc	9.92%

Mediante el programa de cálculo de AHP se comprueba su consistencia y se calcula el vector propio.

Ejemplo de experto 1

	Experto 1							
	Denominación social/marca	Reputación	Honor y dignidad	Prestigio	Paz y tranquilidad	Perdidas económicas	Consideración	Vector propio
Denominación social/marca	1	1	2	3	5	7	8	28.75%
Reputación	1	1	2	3	5	7	7	28.34%
Honor y dignidad	2	2	1	2	4	6	6	18.40%
Prestigio	3	3	2	1	3	5	5	12.38%
Paz y tranquilidad	5	5	4	3	1	3	3	6.16%
Perdidas económicas	7	7	6	5	3	1	1	3.02%
Consideración	8	7	6	5	3	1	1	2.95%
					CR	2.33% < 10%		100.00%

MATRIZ 7 X 7

	A	B	C	D	E	F	G	VECTOR PROPIO
A	1	1	2	3	5	7	8	0.2875
B	1	1	2	3	5	7	7	0.2834
C	1/2	1/2	1	2	4	6	6	0.1840
D	1/3	1/3	1/2	1	3	5	5	0.1238
E	1/5	1/5	1/4	1/3	1	3	3	0.0616
F	1/7	1/7	1/6	1/5	1/3	1	1	0.0302
G	1/8	1/7	1/6	1/5	1/3	1	1	0.0295
CR	2.33%	< 10%						1.0000

Posterior se precisa la ponderación de los activos y al final se tiene una matriz con todos los vectores propios

VARIABLES	Experto 1	Experto 2	Experto 3	Experto 4	media geometrica	Ponderación
Denominación social/marca	28.75%	10.49%	5.19%	20.74%	32.89%	33.25%
Reputación	28.34%	6.92%	28.13%	5.34%	25.10%	25.38%

Honor y dignidad	18.40%	4.69%	5.19%	8.37%	16.35%	16.53%
Prestigio	12.38%	35.39%	18.05%	8.37%	10.65%	10.77%
Paz y tranquilidad	3.02%	24.02%	11.86%	13.51%	4.45%	4.50%
Consideración	2.95%	2.55%	3.45%	2.77%	2.91%	2.94%
Perdidas económicas	6.16%	15.95%	28.13%	40.90%	6.56%	6.63%
	100.00%	100.00%	100.00%	100.00%	98.93%	100.00%

Finalmente tomando como pivote la variable de "perdidas económicas" que considero es la única de carácter patrimonial, las cuales se tomaron de los 2 últimos ejercicios sociales de la empresa, se aplica la regla de tres simple multiplicando el importe de la perdida por el porcentaje de cada una de las variables entre el porcentaje de la variable de pérdida económica, obteniéndose el quantum indemnizatorio.

DAÑOS	VARIABLES	PONDERACION	IMPORTE	% DAÑOS	IMPORTE TOTAL
Extrapat.	Denominación	33.25%	$12,794,368.02	DAÑO MORAL 93.37%	$35,929,747.12
Extrapat.	Reputación	25.38%	$9,764,820.72		
Extrapat.	Honor y dignidad	16.53%	$6,361,460.70		
Extrapat.	Prestigio	10.77%	$4,144,268.73		
Extrapat.	Paz y tranquilidad	4.50%	$1,732,006.85		
Extrapat.	Consideración	2.94%	$1,132,822.10		
Patrimonial	Perdidas económicas	6.63%	$ 2,550,857.00	DAÑO PATRIMONIAL 6.63%	$ 2,550,857.00
		100.00%	$38,480,604.12	100%	$38,480,604.12

Es importante reiterar que el anterior ejemplo es un caso hipotético y que desde luego se dio la generalidad del método multicriterio aplicado, que lo fue el Proceso Analítico Jerárquico, derivado del libro[80] en el que se contienen paso a paso en forma detallada los modelos matemáticos que se utilizan para la determinación de valor, en el caso del daño moral, la determinación de un quantum indemnizatorio.- Aquí se omitieron todos los ejercicios matemáticos que se hicieron a cada uno de los cuatro expertos para estar en posibilidad de obtener el ratio de consistencia y el vector propio que es el que finalmente se utilizara para la ponderación de cada una de las afectaciones.

Del resultado del ejemplo se podrá observar que el daño Moral es con mucho un % elevado comparado con el daño patrimonial.

Nuestra conclusión es que cotidianamente podemos observar que existe reiterada violación a los derechos humanos y aunque no se podrá resarcir el dolor, la angustia, el daño emocional o cualquier afectación que establece el artículo 1916 del Código Civil Federal, pero sí en cambio, puede hacerse valer ante los órganos jurisdiccionales la reclamación de un quantum indemnizatorio que al obtenerlo se paliará un poco ese dolor o afectación que tiene la persona física afectada . En el caso hipotético de afectaciones que no son propias del ser humano, sino de una persona jurídica, la sociedad Mercantil y que de alguna manera hay un resarcimiento por todas y cada una de las afectaciones o variables que se consideraron por daño moral, debe reconocerse por el órgano jurisdiccional pues así lo ha determinado el máximo tribunal de nuestro país al establecer que las personas morales Si pueden sufrir UN DAÑO MORAL.

---

80 Jerónimo Aznar Bellver y Francisco Guijarro.Nuevos métodos de valoración. Modelos multicriterio. 2ª. Edición. Editorial Universitat Politécnica de Valencia

Bibliografía

Galindo Garcias, Ignacio. Derecho Civil. Decima cuarta edición. Porrua. México, 1995 pag. 140

Diccionario Jurídico Mexicano. Instituto de Investigaciones Jurídicas. Letras D-H. UNAM. Editorial Porrúa. México, 1998. Pág. 1066

Los derechos de la personalidad: Teoría general y su distinción de los derechos humanos y las garantías individuales. De la Parra Portillo,Eduardo. Pág. 141

Rojina Villegas,Rafael. Compendio de derecho Civil. Bienes, derechos reales y Sucesiones. Ed. Porrúa. Pag. 7

Perales Bautista, Alejandra. Editorial Trillas, edición 2022,pagina 39

Oliveros Barba ,Jannine. Presupuestos de valoración. Editorial Triant. 1ª.Edición 2019

Jeronimo Aznar Bellver, Francisco Guijarro Martínez, Nuevos métodos de valoración. Modelos Multicritertio. 2ª. Edición. Editorial Universitat Politécnica de Valencia.

Blanca Casado Andres.UNED. Revista de Derecho. UNED, num. 18, 2016, pág. 402

Rodriguez Marin, C. Introducción al Derecho de Daños (II) en manual de valoración del daño corporal. Guía de aplicación del sistema de baremación para accidentes de circulación, coord..

LOPEZ Y GARCIA DE LA SERRANA, J., Thomson.Aranzadi, Navarra, 2007, págs. 67 y 68

extension://efaidnbmnnnibpcajpcglclefindmkaj/https://archivos.diputados.gob.mx/Transparencia/articulo70/XLI/cedip/B/CEDIP-70-XLI-B-clasidano-6-2018.pdf

https://www.cndh.org.mx/derechos-humanos/que-son-los-derechos-humanos

https://sjf2.scjn.gob.mx/detalle/tesis/178767

https://dle.rae.es/decoro

https://revistas.um.es/daimon/article/download/301601/261411/1255321

https://es.wikipedia.org/wiki/Decorum

Art, 20 quarter de la Ley General de Acceso a las mujeres a una vida libre de violencia.

https://sjf2.scjn.gob.mx/detalle/tesis/2026347

https://www.rae.es/drae2001/honor

https://sjf2.scjn.gob.mx/detalle/tesis/2025633

https://legislacion.scjn.gob.mx/Buscador/Paginas/wfProcesoLegislativoCompleto.aspx?q=ocbvjXjq9krUTOeL/uraYVe7inoFUFpQHin3sTR7+5bGCby3Bd8FK8+Cb2niz64Gr1Df3aGJ36I6lGzrB2I+zA==

Registro de tesis aislada 2023559, Primera Sala Civil. XXXIX/2021, Gaceta del Semanario Judicial de la Federación, libro 5, septiembre 2021.

https://www.diputados.gob.mx/LeyesBiblio/ref/cpeum.htm

https://dof.gob.mx/nota_detalle.php?codigo=4788013&fecha=31/12/1982#gsc.tab=0

https://sjf2.scjn.gob.mx/detalle/tesis/160425

https://sjf2.scjn.gob.mx/detalle/tesis/178767

https://definicion.de/resarcimiento/

Universidad San Francisco de Quito. Colegio de Jurisprudencia. "Limites de la cuantificación del daño Moral en el Ecuador.- Sofía Macarena Guerrero González. Mayo 21,2009 DERECHO HUMANO A LA REPARACIÓN INTEGRAL DEL DAÑO

https://forojuridico.mx/la-reparacion-del-dano-a-victimas-del-delito-en-mexico-primera-parte/#:~:text=%2D%20La%20reparaci%C3%B3n%20es%20la%20compensaci%C3%B3n,y%20menoscabo%20de%20la%20propiedad.

https://dof.gob.mx/nota_detalle.php?codigo=4657555&fecha=10/01/1994#gsc.tab=0

Ley General de Sociedades Cooperativas

https://www.cndh.org.mx/sites/default/files/doc/Programas/TrataPersonas/MarcoNormativoTrata/InsInternacionales/Regionales/Convencion_ADH.pdf

OEA :: CIDH :: Declaración Americana de los Derechos y Deberes del Hombre (oas.org)

https://www.oas.org/es/cidh/expresion/showarticle.asp?artID=132&lID=2#:~:text=Toda%20persona%20tiene%20derecho%20a,a%20la%20libertad%20de%20expresi%C3%B3n

https://www.un.org/es/about-us/universal-declaration-of-human-rights#:~:text=Art%C3%ADculo%2019,por%20cualquier%20medio%20de%20expresi%C3%B3n

https://www.oas.org/juridico/spanish/firmas/a-52.html

https://www.oas.org/es/sla/ddi/tratados_multilaterales_interamericanos_A-68_racismo.asp

https://www.oas.org/juridico/spanish/Tratados/a-52.html

https://www.oas.org/es/sla/ddi/tratados_multilaterales_interamericanos_A-68_racismo.asp

https://www.oas.org/juridico/spanish/tratados/a-61.html

https://www.un.org/es/events/childrenday/pdf/derechos.pdf

https://www.oas.org/juridico/spanish/tratados/a-45.html

https://www.oas.org/dil/esp/convencion_interamericana_sobre_concesion_derechos_politicos_a_la_mujer.pdf

https://www.oas.org/juridico/spanish/tratados/b-54.html

https://www.cndh.org.mx/sites/all/doc/Programas/Provictima/1LEGISLACI%C3%93N/3InstrumentosInternacionales/G/convencion_interamericana_trafico_menores.pdf

https://www.oas.org/juridico/spanish/tratados/a-65.html

https://www.oas.org/es/CIDH/jsForm/?File=/es/cidh/mandato/basicos/principiosppl.asp

https://www.oas.org/juridico/spanish/tratados/a-51.html#:~:text=Los%20Estados%20partes%20se%20asegurar%C3%A1n,tengan%20en%20cuenta%20su%20gravedad.

https://victoryepes.blogs.upv.es/2022/01/13/metodo-critic-de-toma-de-decision-multicriterio/

https://victoryepes.blogs.upv.es/2022/01/14/metodo-de-entropia-para-la-toma-de-decision-multicriterio/

https://www.udb.edu.sv/udb_files/recursos_guias/informatica-ingenieria/programacion-iv/2019/ii/guia-3.pdf

Dr. Luis García Márquez. Universidad Portenta, clase en línea 11/dic/2021. Tema AMUVAM.

Conferencia Académica.

https://www.facebook.com/watch/live/?ref=watch_permalink&v=1244063522736806

https://victoryepes.blogs.upv.es/2022/01/25/proceso-analitico-en-red-anp-analytic-network-process/#:~:text=Se%20trata%20de%20un%20m%C3%A9todo,ver%20en%20la%20Figura%201.

Exposición Dr. José Luis García Marquez. Especialidad Valuación Daño Moral.Universidad Portenta. 2022

https://www.google.com/search?q=escala+de+saaty&rlz=1C1ONGR_enMX1064MX1064&oq=escala+de+saaty&aqs=chrome..69i57j0i512j0i22i30l2.2470j0j7&sourceid=chrome&ie=UTF-8